SO-BEZ-223

Youp van 't Hek

AMAH HOELA

THOMAS RAP—STAALSTRAAT 10
AMSTERDAM

Voor Thomas en Joosje

INHOUD

FIETS

'Durf je als Turk aan een Duitser nog een vuurtje te vragen?' mijmerde ik gisteravond in de Utrechtse schouwburg en voelde een schokje door de zaal gaan. Dat was ook de bedoeling. Een gek van zestien steekt in Solingen een huis aan, vrouwen en kinderen vinden de dood, de wereld huilt en ik heb deze week mijn dochter leren fietsen op het Amsterdamse Amstelveld.

Anna was bang en trots tegelijk, ik rende achter haar aan en dacht onderhand aan mijn eigen fietslessen. Ik ben de zevende van acht kinderen en leerde het fietsen gewoon spelenderwijs.

'Niet loslaten,' schreeuwde ik toen tegen mijn broer en Anna riep nu hetzelfde tegen mij.

Zij is nu bijna vijf en ik reken snel uit dat ik het dus geleerd moet hebben in '59 of '60. Dreigde er toen ook zoveel? Of maak ik me meer zorgen dan nodig? Zie ik alles veel te zwart?

'Als ik kan fietsen krijg ik van mama een fietsslot, zodat ik de fiets mee naar school kan nemen,' vertrouwde ze mij vlak voor het slapen gaan toe.

'De fiets moet op slot anders wordt hij meegenomen door boeven,' fronste ze haar kleine wenkbrauwtjes en liet daar onmiddellijk op volgen: 'Hoe word je boeven?'

Mijn hart scheurde een beetje bij het zien van de rouwplechtigheid bij het huis in Solingen. Het is toch een piepklein Kristallnachtje en een lichte huiver waaide door de spelonken van mijn ziel.

Europa brandt, er wordt etnisch gezuiverd, mensen vluchten huilend de bergen in of staan tevergeefs te kloppen aan de grens. Met eelt op ons netvlies kijken we naar het laatste journaal en slapen er niet een seconde slechter door. In Duitsland is er een partij die de holocaust ontkent, de Britse jeugd is dramatisch somber over de toekomst en wil het liefst massaal emigreren, Frankrijk en Italië rukken zichzelf naar rechts en ik bemerk alleen maar een hoge mate van onverschilligheid om me heen. Bij iedereen, inclusief mijzelf. Niemand gaat de straat op om te protesteren tegen de zich herhalende geschiedenis. Voor het kampioenschap van Feyenoord krijg je wel honderdduizend mensen op de been.

'Hoe was je vakantie op Aruba?'

'Ik was naar Miami, lul!'

'Oh sorry.'

Zal ik mezelf maar dooddansen met een kilo XTC in mijn harses of zal ik mijn eigen lijf trakteren op een doe-het-zelf-piercingsetje en een paar gloeiende oorringen door mijn tepels jagen?

Als ik een beetje door-house schuif ik lekker de WAO in voor de rest van mijn leven.

Buiten in de tuin hoor ik mijn dochter huilen. Ze krijgt haar fiets niet op slot. Het is te moeilijk. Als het haar eindelijk is gelukt laat ze het sleuteltje erin zitten en ik probeer haar uit te leggen dat dat niet echt verstandig is, maar volgens haar heb ik er niets van begrepen.

'Anders raak ik het kwijt en dan kan ik mijn fiets niet open krijgen.'

Het komt dus toch nog goed.

AMAH HOELA

Als een Gooise kakker op de Keizersgracht gaat wonen, wil hij nog wel eens de typische Amsterdamse sfeer gaan roemen, maar valt onmiddellijk door de mand bij woorden als 'haringmannetje' of 'sigarenboertje'.

Een van mijn broers vertelde mij ooit over een feestje op een van de grachten en daar hadden alle ouders hun kinderen op de 1e Openluchtschool in het betere Zuid. Dat is een neger- en Turkloze kakschool in de Amsterdamse Cliostraat. Natuurlijk hadden de carrièrejagers een probleem met het halen en brengen van hun *kiddo's* en toen een van de moeders opperde een tweedehands busje te kopen en die door een wao-ertje te laten besturen, was voor mijn broer de maat vol. Hij zocht een plek om stevig te kotsen en zette het zuipen in een echt café voort.

De Amsterdamse grachtengordel, Blaricum, Aerdenhout, Wassenaar en al die andere chique plekjes van ons land ken ik beter dan wie ook en elke keer als ik denk dat ik het bekakste heb ontmoet, wordt het de week erop toch weer een slag erger.

Is mijn generatie kakkers slechter dan die van mijn ouders? Ja!!! Schaamteloos veel slechter zelfs. Zeker nu ze een nieuw speeltje hebben ontdekt. De au pair ofwel de amah.

Wat is een amah? Een amah is een derdewereldmevrouw met veel honger en weinig financiële eisen, die voor een kleine vijfhonderd gulden per maand de kinderen doet, wast, kookt, strijkt en in datzelfde bedrag zit ook nog drie avonden per week oppassen.

Veelal zijn het Filippijnsen, maar ook de Poolse en Tsjechische dames doen het heel erg goed. De meisjes werken veertig uur per week en dat komt dus neer op iets meer dan drie gulden per uur. Indrukwekkend. Je moet ze nog wel verzekeren en ze prikken elke avond een vorkje mee, dus er komt maandelijks nog een behoorlijk bedrag bij.

Ik ben bang dat er op de Larensche Mixed Hockey Club een broekrok tegen haar vriendin durft te bekennen dat hun amah gewoon mee aan tafel zit en dit onder het motto: wij zijn niet zo erg als de rest.

Een amah heeft natuurlijk veel voordelen. Ze is niet alleen feodaal goedkoop maar meestal ook erg gelovig en dat houdt in dat ze 's nachts niet gaat sloeren en slempen in de plaatselijke discotheek. Daarbij stuurt ze al het geld naar haar vaderland en daar kunnen ze een paar dubbeltjes meer zeker goed gebruiken. Dus nog even vijf uurtjes extra oppassen voor een tientje doet ze graag. En het belangrijkste: ze klaagt niet. Niet alleen omdat haar Engels daar te gebrekkig voor is, maar ze is ook veel te bang dat ze weer naar huis wordt gestuurd.

Op de Hilversumsche Golfclub schijnt al een echtpaar met twee amah's rond te lopen en ik ben bang dat dat binnenkort de trend wordt. Een amaahtje extra.

Als de amah binnenkort met handen en voeten vertelt over haar broers die in de sloppen van Manilla wonen, komt ongetwijfeld de vraag of er daar ook niet eentje van deze kant uit wil komen. Voor de tuin en voor de klusjes. Wij willen jouw broer best helpen!!!

Dan doe je het echt goed in de raad van bestuur. Als je tussen de cijfers door kan vertellen over je twee amah's en je *gardenboy*.

Dronken grapje op de herenplee van de Kennemer: wat is het verschil tussen een amah en een Golden Retriever?

De hond komt niet altijd als je fluit.

ZELFMOORDHOTEL

Bij veel mensen is het middelpunt van de aarde hun eigen navel en ook al heb je het over de opgejaagde moslim-kinderen in Bosnië, de uitgehongerde hoopjes botten in Somalië of de door lepra gehalveerde bedelaars in India, zij brengen het gesprek altijd op hun eigen leed.
Iedereen is getrouwd en ik niet of iedereen is lekker vrij, kan doen en laten wat ie wil en ik ben getrouwd. De mensen met echte problemen hoor je niet.

Het Humanistisch Verbond heeft een plan opgevat om een zelfmoordhotel op te richten. Daar kunnen mensen dan op passende wijze hun leven beëindigen en ik moet zeggen: het lijkt me wel wat.
Soms word ik zo moe van de onbegrepen luxe-verdrieters met hun jeukverhalen over faalangst, relatiemoeheid, vader-complexen, stressbestendigheid en ander identiteitsgereutel dat het me een prachtig kadootje lijkt. Een weekendje Hotel De Einder. Misschien komt het hotel zelf wel op het briljante idee om gezellige kadobonnen uit te gaan geven. En je schoonmoeder maar roepen: 'Dat had je nou niet moeten doen.'
Toch roept zo'n logeergelegenheid wel allerlei vragen bij me op.
Hoe ziet bijvoorbeeld een kamer eruit?
Zit er een stroomknop bij het bad?
Zijn er suites met uitzicht op de spoorbaan?
Gaat de TGV erlangs lopen?
Zetten we het hotel aan de Betuwelijn met om de vier minuten een goederentrein?

Worden de kamers op 16-hoog duurder?

Kan je op de televisie uitsluitend natte programma's als *All you need is love*, *Spoorloos* en *de Surpriseshow* ontvangen, zodat de stap naar het hiernamaals alleen maar gemakkelijker wordt?

Hangt er alvast een strop aan het plafond?

Hoe is de roomservice?

Kan je Vesparax per ons bestellen?

Mag ik van u twee Whisky Cyaankali?

Hoe selecteer je het personeel?

Word je opgevangen door zo'n Becelzachte pastoraal werker of staat er juist een zakelijke yup achter de balie?

Wat voor muziek klinkt er?

Chopin of de muzak per strekkende meter die alle hotelliften in de hele wereld vergiftigt?

Hoe duur wordt een nachtje?

Als je alsnog hebt besloten om van je suïcide af te zien, vraagt de manager de volgende ochtend dan toch: 'Meneer blijft nog een nachtje?'

Wordt er nog aan je gevraagd of je 's ochtends gewekt wil worden of is dat een beetje indiscreet?

Hoe gaat dat wekken?

Trekt het huishoudelijk personeel er met een aantal doodgravers en kisten op uit en gaan ze op alle deuren kloppen? Als er na drie keer niet wordt opengedaan pakt het aflegteam dan de loper en worden de mouwtjes opgestroopt? Zijn er tweepersoonskamers?

Vragen, vragen en nog eens vragen. Het Humanistisch Verbond vertelde dat er naar aanleiding van de berichten al heel veel telefoontjes waren binnengekomen en misschien moet ik al deze vragen niet in dit stukje stellen, maar ook gewoon bellen.

Laatste vraag: 'Kan het op rekening?'

'Nee meneer, liever contant!'

STRESSMANAGEMENT

Er komt een behandelcentrum voor overspannen leraren. De stichting Landelijk Centrum Stressmanagement heeft een overeenkomst gesloten met de camping Ruighenrode in het Achterhoekse Lochem voor de opvang van door te veel werkdruk geplaagde docenten. De overspannen onderwijzers en leraren krijgen onder meer meditatie, gedragstherapie, massage en fitness.

Donderdag viel mijn oog op dit bericht op de voorpagina van *De Telegraaf*. De stichting Landelijk Centrum Stressmanagement!! In je meest dronken bui verzin je dit niet en je vraagt je af hoe de directeur eruitziet.

Waarschijnlijk een geflipte doctorandus die niet aan de slag kwam, wel wist hoe je bij de nationale subsidiepot moet komen en toen maar gauw de daarvoor broodnodige stichting heeft opgericht. Daarna heeft hij op het Ministerie van Onderwijs uitgelegd wat voor drama's zich afspelen in de gezinnen van de geschudde leraren en toen was de opdracht al snel een feit.

Vaak moet ik lachen om dit soort handige charlatans, maar soms word ik gewoon ouderwets kwaad. Een paar miljoen mensen huilen vluchtend door Europa, in de voormalige Sovjet-Unie slijpen de volkeren de messen om elkaar op Servische, Bosnische of Kroatische wijze af te slachten, Afrika wordt geteisterd door honger, aids en burgeroorlogen, Duitse Turken herken je aan de brandblusser op hun rug, in Luttelgeest staan een paar lekkende tenten voor opgejaagde asielzoekers en wat komt er in Lochem? Een kampje stressbestendigheid voor geflipte sukkels die geen orde in de brugklas kunnen houden.

Misschien komen er wel protesten van het Humanistische zelfmoordhotel omdat de stichting in hun wijk zit te klussen.

Jan Pronk lult zich in de regering en de Kamer regelmatig een verzwikte tong om een paar centen meer te krijgen voor de allerarmsten op deze aardkloot, hij wordt eerder gekort dan dat hij er wat bij krijgt. De directeur van het Antonie van Leeuwenhoek moet deze week tweeëneenhalf miljoen onderzoeksgeld inleveren en dan schiet de stichting Landelijk Centrum Stressmanagement mij in het verkeerde keelgat.

Ik heb de laatste tijd sowieso al het idee dat de aarde elk uur een beetje harder gaat draaien alsof God de tol met een zweep geselt om hem tussen nu en vijf jaar de definitieve zwieper het heelal in te geven. En als ik dan dit soort welvaartsgerochel lees, krijg ik de neiging om me als vrijwilliger bij RARA aan te melden.

Ik heb tussen 1966 en 1974 een kleine vijf scholen over vier jaar MAVO gedaan en in die jaren zo een stresskampje of drie vol gepest.

Ik was een meester in het treiteren, zuigen, ontregelen en weet dat op een van de scholen het lerarencorps regelmatig 's nachts in spoedzitting bijeenkwam om de maatregelen tegen mij en mijn vrolijke vrienden te bespreken. Twee weken geleden liep ik in de Bussumse Nassaulaan een leraar van de Godelindeschool tegen het lijf en de man begon onmiddellijk te schreeuwen: 'Niks zeggen Van 't Hek. Gewoon doorlopen. Ook niet denigrerend kijken en zeker geen leuke opmerkingen maken!' Hij schoot een café in en werd daar onmiddellijk aangesloten op zijn eigen fles jenever.

Binnen mijn familie was ik niet uniek. De schoolkeuze was voor mij en mijn broertje beperkt daar mijn vier oudere broers ervoor hadden gezorgd dat een aantal scholen geen enkele Van 't Hek meer wilde hebben. Mijn broers hebben mij wangedrag, luiheid en het sarren van het onderwijzend personeel en de conciërge bijgebracht. Naar school gaan was oorlog. De leraren waren geduchte tegenstanders die de strijd graag met ons aangingen en ook zij deden er alles aan om als winnaars uit de strijd te komen. Maar misschien boden ze wel tegenstand omdat er toen nog geen uithuilcamping was. Dat was dus eigenlijk een hele zielige generatie en die had het toen heel zwaar. Geen kuuroord voor de gekwelden, geen lekkere massage voor de getreiterden, geen gedragstherapie onder leiding van een sluwe psych, laat staan meditatie, fitness of een fijn gesprek met een begrijpende peut.

Dat waren nog eens tijden.

CIRCUS

Oh, Wiener Circus dat al duizend zomers langs de Belgische kust reist, mijn kippevel op huiver test, mijn kinderen in extase brengt en zulke mooie sterren op je tent hebt aangebracht, blijf en verander nooit van stek.

Je zal nooit gevraagd worden om een kerstvakantie lang Carré te vullen, Parijs kent je niet, zelfs Brussel lijkt groot en ver, maar blijf ons op volgeregende middagen vermaken met elk jaar dezelfde act. Voeg niets toe, maar doe als nu: ieder jaar een nummer minder.

Het begint met de olifant die op de Zeedijk van De Haan verschijnt. Alle zwembroekjes gaan zijn kant op. Het logge beest kijkt loom verdrietig, staat wat te dralen en moet na een kwartier weer verderop. Naar een overvolle camping of een uitpuilend bungalowpark. De aandacht is getrokken. Het circus is in de stad. Vorig jaar was er nog een hele vieze, mottige kameel bij, maar die is waarschijnlijk deze winter overleden aan heimwee. Een kameel in de winter in België?

Oh, Wiener Circus ga nooit aan mijn badplaats voorbij. Zelf ben ik de eerste zestien vakanties van mijn leven peilloos gelukkig geweest in Egmond aan Zee, proef het ijs van Lieftinck en Pravasani nog dagelijks, wandel regelmatig in gedachten met mijn vriend Max Claassen over het Pompplein (we praten nog steeds over meisjes als Mieke uit Uithoorn) en elke korrel strand glijdt in mijn waterverfdromen door mijn vingers, maar Egmond had geen circus en zeker geen circus als het Wiener Circus dat ik nu vier jaar achtereen heb zien optreden in het Belgische De Haan en dat ik volgend jaar voor de vijfde keer zal zien en het jaar daarop voor de zesde. Waarom? Omdat het verslaaft en omdat je meegroeit met je helden. Vier jaar geleden kwam de twaalfjarige Natascha met vier geitjes. Eén geitje kende een paar tweedehands kunstjes. Afgelopen dinsdag kwam de zestienjarige Natascha met dezelfde vier geitjes op en nog steeds kende alleen die ene slimme geit de kunstjes. De andere geitjes keken toe en zaten daar als figurant. Geitje speelt voor geitje. Natascha kwam net van het kaartjesscheuren en moest zich razendsnel verkleden voor het jongleursnummer om daarna weer vliegensvlug een ander pakje aan te trekken om in de pauze onherkenbaar de ijsjes te kunnen verkopen. Ondertussen keken we naar Les Quatres Lagronis en pappa Lagroni had het zwaar. Hij was tijdens zijn krachttoeren aan de schommel met zijn hoofd al bij de schminkdoos. Binnen de kortste keren moest hij weer als clown Jefko op.

De oude, licht demente olifant moest, net als andere jaren, weer een sigaret roken en ik deed maar weer even mijn ogen dicht. Gelukkig wordt deze marteling door de directeur zelf begeleid en de man kijkt er zeer tevreden bij. De spreekstalmeester had zich inmiddels traditiegetrouw vermomd tot clown Lucky en liet samen met Jefko (pappa Lagroni!) de tent sidderen van angst toen zij werden bezocht door een spook. Wiener Circus-kenners herkenden in het spook de aardige Ricky, die ook jongleert, soms trompet in het orkestje speelt, af en toe een nieuw nummer aankondigt, voor aanvang programma's verkoopt en waarschijnlijk in een verloren uurtje alle circuswagens wast. Bij het Wiener Circus moet je eigenlijk letten op de schoenen van de medewerkers. Je ziet maar vijf paar schoenen. De pakken boven de schoenen wisselen vlie-gensvlug. Wie twee minuten geleden nog in de trapeze hing, staat nu het oog van de blinde leeuw te druppelen en de sympathieke directeur schuwt het opruimen van de attributen van het wereldberoemde Trio Ivanovi niet.

Andere circussen nemen afscheid met een parade van de artiesten, die op marsmuziek nog een keer in de piste ko-men, maar hier is dat onmogelijk. Het zou een schamel rondje worden. Zo snel kunnen ze zich niet verkleden. En wie moet dan de tent open doen, de pony's voeren en de souvenirs verkopen? Precies.

Oh, Belgische kust met je hartverscheurende Wiener Circus! Je maakt me zo intens, tot tranen toe gelukkig!

BEGRAFENIS

Vorige week moest ik wel lachen om Bernard Tapie. Hij had een camera van een Franse televisieploeg in de Middellandse Zee gedonderd, omdat men hem filmde op zijn jacht. Een paar dagen later bracht hij het bewuste station een nieuwe camera met daaraan een briefje met de tekst: 'Persvrijheid eindigt waar privacy begint'. De nieuwe camera werd door de hoernalisten geweigerd en Tapie heeft van de bewuste zender een proces aan zijn broek gekregen. Nu moet hij binnenkort toch regelmatig in de rechtszaal zijn, dus een procesje meer of minder zal hem jeuken.

Toen de acteur Siem Vroom overleden was, leunde in het crematorium een fotograaf van een van de roddelbladen met zijn elleboog op de kist om de huilende familie en vrienden beter in beeld te krijgen. Ik stond ergens diep in de menigte en kreeg de neiging om naar voren te gaan, de man met zijn camera dood te slaan, in het vuur te flikkeren en er net zo lang bij te wachten tot ik zeker wist dat hij tot en met zijn laatste vulling gesmolten zou zijn. Ik werd ter plaatse omgepraat en wist dat als ik het gedaan had, ik dan bekend zou worden als iemand die op andermans crematie nog de publiciteit zoekt.

Toen mijn vriend Onno Molenkamp overleden was stond ook weer een zootje cameravlooien te wachten. In het crematorium werd de door mij uitgesproken tekst op een bandrecordertje opgenomen door de vazallen van Van der Meijden en die kon ik twee weken later volledig verminkt teruglezen in de bladen die iedereen alleen bij de kapper leest. Mijn kapper heeft uitsluitend nummers waarin Jacques Brel nog leeft, maar het valt me op dat bijna iedereen wekelijks bij de coiffeur zit en dat die elke week het meest verse exemplaar heeft liggen.

Toen de vader van een vriend van mij overleed heb ik zijn manager een sprintje over het kerkhof zien trekken om een muskiet van de Privé op zijn bek te timmeren. Helaas was de engerd sneller en heeft heel Nederland mijn vriend mogen zien huilen op een beetje wazige telelensfoto. Ja lieve lezers en lezeressen: ook bekende Nederlanders zijn verdrietig als hun vader is overleden.

Ik meen me te herinneren dat er met het verdriet van Ron Brandsteder en Hennie Huisman door souteneur Van der Meijden zelfs werd geadverteerd. Nooit vergeet ik de schofterige foto van een huilende Jan Jongbloed na het verlies van zijn zoon. Je bent dus niet alleen vogelvrij als je zelf doodgaat, maar ook als je je ouders of kinderen wegbrengt. Het zal toch maar je werk zijn. Een snikkende familie Joeks op de plaat zetten omdat Klukkluk wordt begraven. Heeft dit soort mensen nooit last van misselijkheid? Kennen zij geen schaamte? Uit angst voor het gajes van de Amsterdamse Basisweg en hun collega's van de andere bladen hebben wij afgelopen maandag mijn vader in stilte ten grave gedragen en toch is dat raar. Mijn vader was een man van de wereld en wilde dat eigenlijk niet. Gelukkig konden wij al zijn en onze vrienden per rouwkaart bereiken en heeft er niemand aan mijn vaders groeve ontbroken. Maar toch is het raar. We zijn dus gezwicht voor de onderwereld. Juridisch kan je namelijk niemand op een openbare begraafplaats weigeren. Ik hou een rare smaak in mijn mond en ben bang dat als ik Henkie van *De Telegraaf* een keer tegen het lijf loop ik hem alsnog een ongelooflijke slag voor zijn harses geef. Namens mijn vader. Waarschijnlijk breek ik dan wel drie middenhandsbeentjes op de plaat voor zijn hoofd. Voor de goede orde: ik heb maandag verschrikkelijk gehuild.

OOSTENDE

Wij vieren onze herfstvakantie aan de Belgische kust. De regen striemt, de storm geselt en wij elke dag maar opgewekt roepen dat er voor morgen mooi weer voorspeld is. Ondertussen heeft het bij ons al drie keer gesneeuwd en mijn jongste zoon heeft al ijs op de slootjes bij Wenduine gezien.

Toch kan droef mooi zijn. Neem nou Oostende. Iets ergers, treurigers en troostelozers dan deze Vlaamse havenstad kan niemand verzinnen. De meest impotente architecten van deze eeuw heeft men op dit stadje losgelaten en het resultaat is meedogenloos. De trieste Visserskaai, de fantasieloze Kapellestraat en het hele verkankerde centrum doen je verlangen naar een zoete suïcide. Maar zelfs die mislukt nog. En wat is mooier dan zo'n woestenij in dit verschrikkelijke weer?

Duitse toeristen in fluorescerende nylon regenpakken kleumen zich door het centrum, zetten zich aan een kop warme chocolademelk op een drijfnat terras en proberen zonder ruzie te bedenken hoe ze de rest van de dag moeten doorkomen. Hun Center Parcs-woninkje ontvlucht bibberen ze zich door de snijdende kou en alle leden van het gezin vragen zich per minuut oprecht af wat hen bij elkaar houdt. Seks kan het niet zijn. Liefde zeker niet. Dus moet het om geld gaan. En dan niet een teveel, maar een tekort.

Blauwbekkende echtparen met twee ontevreden pubers in de winkelstraat van Oostende is pure poëzie. Laten we nog maar een wafel doen. Dan zijn we weer een half uurtje verder. Iets ergers dan Oostende kan niet. Hoewel?

Afgelopen donderdag zat mijn vakantie er officieel op en mocht ik mijn gezin opgelucht verlaten. Zoveel regen houdt geen enkel huwelijk fris. Ik mocht richting het Westland om drie dagen leuk te zijn in theater De Naald in Naaldwijk. Dan ga je vanaf Rijswijk door Wateringen, Kwintsheul en Honselersdijk. Ze zijn daar in die streken erg gelovig, maar ik weet niet waarom. God is in die contreien namelijk nooit geweest. Zoveel lelijkheid kan niemand verdragen. Zelfs de mussen lopen bij een psychiater.

Alle kassen zijn dichtgekalkt om de illegalen te verbergen en ik weet nu al zeker dat het de beste streek is om deze gevluchte Polen en Bosniërs te verbergen. Al mogen ze de straat op. Ze willen niet. Ik had mazzel. Het weer was in Naaldwijk even slecht als in Oostende, maar in Naaldwijk was het feestweek. Braderie dus. De middenstand vierde feest onder het motto: 'Winkelen is avontuur'. Onmiddellijk werd ik getroffen door een peilloze depressie en begreep in een klap Maarten 't Hart die in deze omgeving jarretels omgespte.

Maar toen kwam het ergste. Naaldwijk had ook een bloemencorso. Bloemencorso is een beetje een groot woord. Vernikkelde majorettes met een hoog kippevelgehalte beefden door de winkelstraat en achter hen reed een lange stoet Kadettjes en Vectra's met de meest wanstaltige bloemstukken erop. Van die bloemstukken die ze bij Joop van den Ende mooi vinden. Stapvoets volgde de middenstand zijn weg door het swingende centrum van Naaldwijk en ik werd getroffen door een verschrikkelijke huilbui. In één dag èn Oostende èn Naaldwijk was ook voor deze kleine cabaretier wat te veel. Alleen heeft Naaldwijk gewonnen. Want Naaldwijk heeft een bloemencorso. En alle majorettes krijgen kinderen en die

staan over twintig jaar ook allemaal weer naar die rouw-
stoet te kijken.

Diep in de nacht zei een Naaldwijks meisje tegen mij:
'Vlaardingen, dat is pas erg.' En toen wist ik het even niet
meer.

GLAMOURLAND

Pauze. Veel spa, wat koffie, wat krant, een beetje televisie en even op heel veel adem komen om in de tweede helft nog wat meer te vonken dan in de eerste.

Schoon overhemd en een lichtvoetig gesprek over Litmanen, Michael Jackson, de toneelprijzen of andere onbelangrijke zaken. Alles gaat in dat kwartier altijd een beetje langs me heen. Ik sta in Diligentia en dat is een belangrijk podium. Hier vierde onder anderen de deze week tien jaar geleden overleden Wim Kan triomfen en elke avond denk ik wel een keer aan hem. Meneer Kan heeft dus in deze zelfde kleedkamer gezeten en heeft misschien wel net zo hard stoom zitten afblazen als ik nu doe.

Opeens staat hij voor me. Waar hij vandaan komt is een raadsel, maar hij staat er. Niet meneer Kan, maar een hannes met een tekst dat er in Den Haag een literair theatertje jubileert en dat er op 6 september een sponsordiner plaatsvindt en of ik dan een vorkje mee wil prikken.

Ik vraag me af waar hij de gore moed vandaan haalt om ongevraagd door te dringen in mijn kleedkamer. Ik ben te verbaasd om boos te worden, vertel de worst dat ik op dat soort avonden nooit optreed en hij legt me uit dat ik ook niet hoef op te treden. Mijn aanwezigheid is al genoeg.

Het kotsen staat me nader dan het lachen als ik dit hoor. Mijn aanwezigheid is al genoeg. Je moet toch wel ernstig door de ratten besnuffeld zijn wil je op een maandagavond naar Den Haag rijden om met een paar stoethaspels met iets te veel geld een lamsboutje te gaan zitten knagen. Dus dan gaat een tafel kauwende boterletters, die gutsen van trots omdat ze een literair theatertje financieel boven water houden, naar de bekende Nederlander zitten kijken hoe hij een caramelpuddinkje naar binnen lepelt. De mensen worden echt per week krankzinniger.

Onlangs werd mijn impresario door een veel te dubbele naam van een bank gebeld of ik een weekend in een ordinair duur hotel met de raad van bestuur van gedachten wilde wisselen bij de open haard. Ik zou de heren dan een aantal creatieve impulsen moeten geven, wat filosofische lijntjes voor hen moeten uitzetten en op wat nieuwe ideeën moeten brengen. De batterij van de financiële boys moet af en toe worden opgeladen en ik mocht voor een heel hoog 'geld-speelt-geen-rolbedrag' komen opdraven. Als ik wilde. Gelukkig heb ik inmiddels zelf ook zoveel van dat spul dat het bij mij ook geen rol meer speelt en niets is lekkerder dan 'nee' zeggen tegen mensen die dat woord, mede door hun centen, bijna nooit horen.

De dubbele naam had nog de beleefdheid om mijn kantoor te bellen en stond niet zomaar opeens in de pauze in mijn boudoir.

Vandaag had ik, als ik had gewild, mogen rondbanjeren op de sponsorborrel van Diligentia zelf en ook daar hoefde ik dan niet op te treden. Gewoon een keer 'proost' roepen tegen iets Wassenaars dat voor de vrouw van iets belangrijks speelt en een keer 'santé' tegen een Voorburgse die niet weet dat Schumann nog in dit zaaltje gespeeld heeft. En de volgende dag kakelt ze op de golfclub dat ze zo gezellig met Youp van 't Hek heeft staan babbelen. Youp van 't Hek babbelt niet gezellig. En zeker niet met zo'n Montessori-hulpmoeder op blokhakken. Op dat soort borreltjes lijken al die mensen zo verschrikkelijk op elkaar dat het me elke keer weer verbaast dat iedereen 's avonds met de juiste man of vrouw thuiskomt. Volgens mij zouden sommigen het niet eens merken als ze een ander meenamen. Ze zien het in bed pas aan een moedervlek op de linkerbil.

De Rotary van Klazienaveen, de Businessclub van Ommen, de Lions van Weert, de Ronde Tafel van Terneuzen, de ondernemerskring van Roosendaal. Niemand kan zichzelf nog vermaken. Er moet een attractie in de vorm van een Bekende Nederlander meeëten. Klazien uit Zalk zit dit weekend in Oss, Wim de Bie was gevraagd in Heerhugowaard, Jan Mulder liegt op dit moment tegen een voorzitters-eega in Heerenveen dat ze wel heel bijzondere erotische dromen heeft en Paul de Leeuw hoort van de vrouw van de directeur van de verkoopdivisie buitenland van Philips dat hij al de tweede homo is in haar kennissenkring.

Ik zwerf met mijn vrouw door België en lees een boek. Dom hè?

GRONINGEN

Ik ben verliefd op Groningen en volgens mij is het een beetje wederzijds. Toen de bloedstollend mooie taxichauffeuse mij afgelopen woensdag vroeg of ik zelf wel wist dat ik Boudewijn Büch was, wist ik het helemaal zeker. Met deze stad verloof ik me en op een dronken moment trouw ik met veel lawaai. Al jaren huppelt mijn geest een beetje als ik weet dat ik naar het noorden mag, mijn bedje aan de Grote Markt is altijd gespreid, de cafés wachten op me en hoewel ik wat bedaarder ben dan tien jaar geleden: in elk geval één nacht mag ik als laatste het licht uitdoen in deze altijd drinkende stad. Ik knik dan naar de krantenjongens, glimlach naar de fluitende vogels, buig respectvol naar de Martinitoren wiens klok mijn uren weg en mijn slapen grijs tikt en probeer tegen de portier van hotel De Doelen niet dronken over te komen. Mijn tong struikelt over mijn voortanden en de man blijkt student genoeg om me te snappen. Groningen is de enige stad waar ik ooit 's nachts in het licht van de Febo een uur lang een conférence in de vrieskou heb gegeven en nog altijd glimlach ik liefdevol als ik langs dat frikadellenpaleis loop.

Ik ben verliefd op Groningen en volgens mij is het een beetje wederzijds.

's Ochtends stommel ik wat kranten bij elkaar, zet me in De Drie Gezusters aan de koffie, schuier de laatste kruimels nacht uit mijn hoofd en voeg me rond het middaguur bij Bes Ongering, de moeder van artistiek Groningen en Drenthe. Veertig jaar geleden schoof heel toneelspelend en schilderend Nederland al bij haar aan en ik moet zeggen: het is nog altijd prima toeven. Wij delen een broodje, poetsen wat herinneringen op, mijmeren over voorbije tijden en daarna ga ik richting mijn hotelkamer, alwaar ik onbespied kan lezen. Ik overzie de stad en ben met mijn gedachten al een beetje in de mooiste schouwburg van Nederland. Drie balkons studenten zien daar 's avonds dat ik behoorlijk begin te kalen en op het schellinkje schijn ik alleen maar te horen te zijn. De zaal is snel, de associatie Epe/Michael Jackson hoef ik niet uit te leggen en de plaatselijke zaken gaan erin als Groninger koek. Na afloop loop ik zachtjes af in het café van de schouwburg, wandel richting De Spieghel of De Sleutel en laat mij daarna niet meer verleiden tot een rondje housen in een der discotheken. Die tijd is geweest. Gelukkig wel. Na je veertigste fluoresceert in de disco de roos op je schouders en vlak daarvoor moet je wegwezen. Ik ben verliefd op Groningen en volgens mij is het een beetje wederzijds. Er is geen stad met zoveel verschillende cafés en het aardige is dat geen enkele student ooit een kop koffie op zijn of haar kamer drinkt. Daar heb je al die brasseries voor en al die reuring maakt de stad zo lekker. Het mooiste van Groningen vind ik het busstation waar allerlei zwaar bepakte en bezakte moekes uit Bedum, Hoogezand, Sappemeer en Saaksum onverstaanbaar met elkaar staan te praten. De degelijke jas die alle nog aanwezige erotiek op grootse wijze camoufleert, de enorme tas waar een hele kelder proviand in past en de schitterende wassen/watergolf-hoofden. Permanentjes met een bril eronder en als ik langsloop zie je ze denken: daar heb je Boudewijn Büch!

Heb ik dan niks negatiefs over deze stad?

Ja natuurlijk wel, maar moet dat in een liefdesverklaring? Over het rare verkeerscirculatieplan is al genoeg gezegd en geschreven, maar het blijft vreemd dat als je bij Paterswolde de verkeerde afslag neemt je de hele stad vier keer te zien krijgt. In alle tien jaar Groningen snap ik er nog steeds niks van. Ik cirkel met mijn auto rond d'olde Grieze, kom vier keer langs de schouwburg, passeer vijf maal het Schuitendiep, zie twee keer de Oude Kijk in 't Jatstraat, sta opeens met mijn auto op de parfumerie-afdeling van V&D om er vervolgens vlak voor Slochteren weer uitgegooid te worden. Het vervelendste is dat als je de borden volgt je automatisch langs de hoeren komt. Daar noteren ze je kenteken en vier weken later krijgt je vrouw een brief met de mededeling dat je bij de negentig procent van Nederland hoort. Oftewel: je bent een hoerenloper.

Nou ben ik dat wel, maar niet in Groningen want daar is de stad veel te leuk voor.

STUURGROEP

Heerlijk! We hebben er weer een stuurgroep bij. De stuurgroep Reclame. En deze stuurgroep wil dat exploitanten van buitenreclame de uitingen intern toetsen, zodat blunders als 'Is er koffie na de dood?' niet meer gemaakt kunnen worden. Reclame mag de consument en de gemeentelijke overheden niet meer irriteren. Vreemd. Als ik op de tram stond te wachten loerde ik regelmatig tegen zo'n 'Is er koffie na de dood'-affiche aan, begreep er niets van en ergerde me zeker niet. Het ding ging me pas echt opvallen toen een zootje Artikel Eenendertigers zich er mee ging bemoeien. Het werd als kwetsend ervaren en het ding mocht niet meer.

Je hebt ook mensen die tijd hebben om zich te ergeren aan de billboards van Benetton en die gaan de Reclame Code Commissie schrijven. Ik heb de foto van een stervende aids-patiënt in combinatie met de truttige Gooise kakkleren van Benetton ook nooit gesnapt, maar het zal me toch jeuken wat ze ophangen. De familie van de aids-patiënt was er goed voor betaald en so what? Wie kwetst wie?

We hebben in dit land veel te veel tijd voor niks. Miljoenen gestoorden zitten wekelijks te snotteren bij het programma *Love Letters* van een zekere Linda de Mol en deze gewiekste schat schijnt, als er twee mensen op de televisie in de echt worden verbonden, een dozijn afgerichte witte circusduiven los te laten. Heerlijke kitsch dus! Ze kent de smaak van de gemiddelde doorzonwoner. De duiven van Linda keren echter binnen een kwartier terug naar hun til, maar nu schijnt dat heel simpel Nederland

tegenwoordig bij hun huwelijk een stuk of wat witte duiven loslaat. Dus een hele droeve Dries met zijn nog sulli-
gere Annie komen het stadhuis uit en dan laat de familie
wat witte duiven fladderen. Wat een prachtig symbool.
De ambtenaren in Den Haag hebben nu geklaagd. De
beesten vliegen namelijk tegen de ramen en daar worden
onze overheidsdienaren wakker van. Daarna schijnen de
hulpeloze beestjes, omdat ze niet gewend zijn aan vrijheid, een langzame dood te sterven. Mijn voorstel is om
ze wel los te laten, maar dan aan een lijntje. Visdraad bijvoorbeeld. Als het bruidspaar weg is haal je ze binnen en
's avonds knaag je ze lekker op aan het huwelijksdiner. Je
kan ze ook uitgemergeld fotograferen en aan Benetton
aanbieden voor een reclamecampagne. Maar er is nu een
actiegroep die Linda heeft opgeroepen om te stoppen met
de gedresseerde duiven omdat dan heel Nederland stopt.
Dus dat je tijd hebt om te kijken naar het programma lijkt
me al droef, dat je naar aanleiding van die shit op je eigen
huwelijk ook een paar van die beesten loslaat lijkt me nog
erger, maar dat je tijd hebt om in een anti-witte-duiven-
actiegroep te gaan zitten zorgt er voor dat er stoom uit
mijn oren komt.
Maar we hebben nu dus een stuurgroep die moet voorkomen dat er reclames komen te hangen waar de gemiddelde gereformeerde pot of roomse nicht zich aan kan ergeren.
Dus we krijgen een commissie en die toetst dan of het affiche Roelofarendsveen niet kwetst, Winschoten niet tegen de haren in strijkt, Veere niet bespot of weet ik wie
niet ontrieft.
Ik zou ons land toch die commissie willen afraden, daar je
te veel mensen hun ergernis afpakt. Stel nou dat er niks
meer is om je over op te winden en de hele stad vol brave

boodschappen voor gezonde margarine en magere koffie hangt. Wat moeten al die fatsoensrakkerige ingezonden-brievenschrijvers dan doen?

Waar moet de actiegroep-oprichter zijn scharreleitje kwijt?

Persoonlijk vind ik irritatie een genotmiddel. Je ergeren is heerlijk. Als atheïst wind ik me al jaren op over al die kerkgebouwen die de stad ontsieren en mijn wel gelovige, feministische, licht potteuze buurvrouw ergert zich aan het fallussymbool van de kerktorens en mijn neef met zijn dichtgeslibde kransslagader wil dat de roomboterreclame van het scherm verdwijnt en krijgt telkens bij het zien van de spot bijna een hartinfarct.

Maar geen van ons drieën wil dat de kerken, hun torens of de roomboterreclames echt verdwijnen.

Dus eigenlijk moet ik een actiegroep oprichten om de stuurgroepen te verbieden en als de laatste betuttelende stuurgroep om zeep geholpen is laat ik een dozijntje witte duiven los.

Ik moet me namelijk kunnen ergeren. Bijvoorbeeld aan een stuurgroep.

MEGAPEPIJN

Afgelopen week heb ik drie heerlijke voorstellingen in de Haarlemse schouwburg gegeven. Het gebouw is zo lek als een mandje, op stille momenten hoorde ik de regen op de hete spots sissen en hier en daar ontstond op het toneel een klein plasje. Het gebouw is oud en incontinent, maar siddert van de sfeer. Het is een theater, het ruikt naar een theater en het lacht als een theater. De stad overweegt nieuwbouw, twijfelt over restauratie, dubt over modernisering, enzovoort.

Gelukkig heeft Haarlem niet dezelfde provinciale frustraties als Breda en komt er niemand met een zot plan voor een zogenaamde megaschouwburg van zestig miljoen. Telkens als dit logge beest in de krant komt lees ik dat ik daar als 'publiekstrekker' een maand lang zou willen staan en ik weet van niks. Ik weet in elk geval wél dat ik het niet wil en dat ik het niet doe. Breda krijgt een paar voorstellingen, net als Roosendaal, Bergen op Zoom en Oosterhout. Ik wil reizen door het land en niet te lang op één plek staan en daar bussen vol personeelsverenigingen vermaken. Ik begin al een beetje te huilen bij het idee. Eén Phantom is meer dan genoeg en al nemen ze God als architect: het wordt toch nooit Carré.

Volgens mij zijn dit soort rare kolossen altijd meer de speeltjes van de plaatselijke politici, die zich net als Franse presidenten onsterfelijk willen maken, dan dat ze voorzien in een werkelijke behoefte.

Een theater hoort te klein te zijn, het moet uitpuilen, de kassa moet de hand over het hart strijken en er af en toe twintig losse stoelen bij plaatsen. Ajax bouwt ook geen stadion voor honderdduizend mensen omdat het drie keer per jaar nodig is. Het stadion moet altijd vol en drie keer per jaar overvol en dat lukt in een redelijke tent met vijftigduizend stoelen, maar het mag niet chronisch tochten. Da's ongezellig.

Megabioscoop, Megaschouwburg, Megasterren en ondertussen hoor je bijna nooit meer iets over de kleine theatertjes met de amper honderd stoelen waar alles wat beroemd wil worden staat te zweten, te ploeteren, te trillen en waar vaak verschrikkelijk gelachen wordt.

Toen ik tien jaar geleden in Klein Bellevue stond kwam ik 's avonds even lachend thuis als de afgelopen dagen uit Haarlem. Kippevel was toen, net als nu, de inzet en of ik nou honderd of zevenhonderd mensen vermaak zal me artistiek gezien jeuken. Daar zaten toen zoveel slechte avonden tussen dat ik regelmatig blij was dat er niet meer in konden dan honderd. Er zaten er trouwens gemiddeld maar een stuk of zestig. Nog altijd maak ik een diepe buiging als ik op de Amsterdamse Leidsekade fiets en ben ik geen minuut van toen vergeten. In Den Haag heb ik het nog veel sterker met het prachtige theater Pepijn. Dertig jaar geleden opgericht door Paul van Vliet en zijn vrienden en al die dertig jaren een speelplaats voor alles en iedereen die zich met cabaret bezighoudt. Iedereen die nu in ons landje publiek trekt met een hand vol grappen, heeft de zoetste herinneringen aan dit kleine hoekje in de Haagse Nieuwe Schoolstraat. Pepijn is een van de weinige plekken waar je je als graag willende artiest kan presenteren, kan doorbreken of meedogenloos op je bek kan gaan. Met vijftien man is het zaaltje al leuk.

Alles, maar dan ook alles heb ik aan het theatertje te danken. De uren repeteren, het leren wat je met een spot kan doen, het draaien van een kleine serie waardoor je dagelijks je programma kunt veranderen tot je de juiste volgorde hebt, enzovoort, enzovoort. Nachten heb ik er gerommeld en gepraat, gevloekt en gelachen, gegeten en gedronken, geschreven en geschrapt.

De gemeente Den Haag overweegt op dit moment het kleine theatertje te sluiten en in de komende weken wordt er over het lot beslist. Het gaat over een fooi waar ze in Breda zelfs om in de lach schieten. Volgens de politici kan de kleine zaal van Diligentia de taak overnemen, maar dat kan Diligentia niet. Waarom niet? Omdat je van Diligentia niet de sleutel krijgt zodat je een nacht kan doormodderen. En die sleutel van Pepijn ligt al jaren symbolisch te schitteren op mijn bureau. Pepijn is mega en zorgt ervoor dat de schouwburgen over tien jaar nog bevolkt worden door artiesten die het vak hebben moeten leren. Als het theatertje in een politieke opwelling gesloten wordt moet de Haagse gemeenteraad zich diep en diep schamen, maar kent u een politicus die weet wat dat is?

BUCKLERGULLIT

De acht geeft zich uit voor een zesje en dan moet jij er weer een acht van maken. Verwarrende regel? Voorbeeld: De acteur speelt de sterren van het firmament, laat het schellinkje braille lezen op hun eigen kippevel, tranen druppen langs de jongste meisjeswangen en zijn naam wordt na afloop door de zaal massaal gescandeerd. Een Italiaanse operasfeer in de Amsterdamse Stadsschouwburg. In het café meldt hij later dat het niet echt lekker ging. Jij moet dan zeggen dat het fantastisch was. Mooi getimed, goed ingehouden emotie en prachtig naturel geacteerd. Op een gegeven moment moet je hem zelfs overtuigen dat het wél goed was. Ik vertrouw ze nooit. Het zijn complimentenvissers die onder de ballen gekieteld willen worden.

Het is, als het je goed gaat, moeilijk om bescheiden te blijven. Zelf oogst ik de laatste tijd nogal wat succesjes op het gebied van mijn kruistocht tegen de treurigheid. Vijf jaar geleden verklaarde ik de oorlog aan de zogenaamde 'ruiten broek' en de fabrikant Van Gils is inmiddels glorieus failliet. Daarna lanceerde ik een klein batterijtje Lada-grappen, maar daar hoorde ik niks op. Het bleef bij een enkele boze dealer in de provincie, maar geen noemenswaardig succes. Tot ik deze week werd verrast door een schrijven van een dokter uit het noorden van het land en deze meneer stuurde mij een bericht uit een plaatselijk dagblad waarin te lezen stond dat Lada ging ontslaan, inkrimpen en bezuinigen.

'Nou Buckler nog,' fluisterde ik zachtjes in mijzelf en ik had het nog niet gezucht of de telefoon rinkelde al.

Freddy Heineken persoonlijk feliciteerde mij met mijn overwinning op dit gereformeerde bocht. Nederland heeft massaal geweigerd dit ranzige, alcoholloze gerstenat tot zich te nemen en ik hoop niet dat ze bij Bavaria, Amstel of Grolsch nu denken dat hun Maltjes van mij wél mogen. Tuurlijk niet. Viezigheid is het. Drank voor trutten. Maar ik heb begrepen dat de dagen van de brouwers van het moslimbier inmiddels zijn geteld en dat het marktaandeel hard achteruitloopt. En dat is maar goed ook. Of zuipen of niet. Maar niet in een café met een schuimend glas Rivella gaan staan patsen.

Allemaal succesjes voor de kleine cabaretier dus en als u vanuit een Amsterdams grachtenpandje dit weekend luid gezang hoort dan woon ik daar! Nog wel. Want je moet oppassen met overmoed. Zakelijk mag het voor de wind gaan, maar privé kan je uiterst onverwacht op je bek vallen. Dat overkwam mij deze week. Ik wilde mijn goede huwelijk op de proef stellen en riep tijdens een pietluttig twistje over de broodrooster: 'Als ik dan zo'n derderangs eikel ben dan lijkt het me beter dat wij uit elkaar gaan.'

Mijn bedoeling was dat mijn mooie vrouw zou gaan huilen, snikken en grienen, dat zij mij zou wijzen op onze bloedjes van vijf en drie en dat zij mij hartverscheurend zou smeken om niet weg te gaan. Het tegendeel was waar. Toen ik mijn vertrek opperde, klaarde ze helemaal op en zei: 'Dat lijkt me een prima idee. Liever vandaag dan morgen.'

Ik heb nog getracht uit te leggen dat ik het ironisch bedoelde en dat wij na zoveel jaar toch niet zomaar konden scheiden en dat...

Niets hielp. Ik was erover begonnen. Ik wou weg en nou moest ik ook de consequenties van mijn woorden maar aanvaarden. Ik was het zesje en hoopte door haar tot acht te worden verheven, maar zij degradeerde mij tot de grootste nul die ze ooit had ontmoet.

's Avonds belde ik mijn vriend Ruud Gullit die hetzelfde was overkomen. Hij had de bondscoach gebeld met de mededeling dat het hem beter leek dat hij zou stoppen bij Oranje en Dick Advocaat had hem niet eens laten uitpraten.

'Gefeliciteerd met je meer dan wijze besluit,' riep Haagse Dickie en hing een paar minuten later opgelucht op.

De arme Ruud keek nog een paar minuten ongelovig naar de hoorn. Dit was de bedoeling niet geweest.

Dick had moeten zeggen: 'Nee joh, doe nou niet. We kunnen je niet missen, je bent veel te goed en Nederland schreeuwt om je.'

Maar dat zei Dick niet en ik ben bang dat Dick gelijk had.

En mijn vrouw ook, vrees ik.

BANKJES

Michel Demaret is burgemeester van Brussel en wilde vorige week het keurige hotel Metropole binnengaan. Wat zag hij? Straalbezopen clochards die voor het hotel op een bankje hun eeuwige roes lagen uit te slapen.

Weg ermee, dacht hij en gaf het gemeentepersoneel opdracht om de helft van het aantal banken dat de Brusselse binnenstad rijk is, weg te halen. Het is ook irritant. Zelf woon ik in een aardig grachtenpandje in de Amsterdamse binnenstad. Bij mij in de buurt zwerven nogal wat daklozen en wij bellen ook regelmatig de politie met de vraag of er niet wat aan gedaan kan worden.

Dat zit maar op je stoep, dat plast maar tegen auto's, dat krabt maar in het kruis en lalt de kinderen wakker, terwijl wij, hardwerkende burgers, kromliggen voor de hypotheek, gas, water en licht. Deze types flierefluiten er maar op los alsof het allemaal niks kost. Ook bij de zandbak, in de schaduw van de Amstelkerk, zit regelmatig een zatlap te zingen. Drie uur 's nachts. 'En we gaan nog niet naar huis,' zingt hij ook nog. Dat is helemaal een gotspe. Dakloos en dan dat deuntje lallen.

Weg dat bankje, denk ik dan. Ik wil slapen. Ik wil een stad zonder zwervers, zonder zatlappen, zonder prettig gestoorden, zonder de man met de halve arm waar hij op miraculeuze wijze een halve liter bier op in balans houdt, zonder de oude bokser met de platte neus die altijd 'vechten?' roept als je hem passeert. Ik wil een stad vol hardwerkende types, waarvan ik weet wat ze doen, en wens niet in de war gebracht te worden door hun roes uitronkende drankorgels. Ik wil netheid en gezag. Een 8 voor vlijt en een 9 voor gedrag.

Opeens heb ik de stomme film klaar: Michel Demaret is burgemeester van Brussel, stapt het superchique Metropole binnen, stoort zich aan de zwervers en stelt zijn vrouw en vrienden voor om de bankjes te verwijderen. Zijn vrouw kotst hem ter plekke uit, zijn maîtresse weigert ooit nog met hem te neuken, zijn kinderen nemen een andere achternaam, zijn vrienden schamen zich ooit zijn vrienden te zijn geweest, zijn oude moeder wijst hem voor altijd de deur en iedereen weigert ooit nog een lettergreep met hem te wisselen. De man vereenzaamt, gaat drinken, vervuilt, drinkt door, krijgt aangekoekte kots op zijn revers, houdt zijn gulp open, drinkt door, zwelt op, verliest zijn sokken, later zijn schoenen en eindigt met een fles Pisang Ambon die hij onmachtig over zijn schouder giet in de hal van het Centraal Station. Ladderzat zoekt-ie een bankje om te slapen en telkens als hij de hoek om komt ziet hij hoe een stelletje overheidsdienaren een bankje wegschroeft. Wanhopig gaat hij een discussie aan, maar de mannen zeggen te handelen in opdracht van de burgemeester. In de film moet de man sterven op de trappen van de Beurs, de ratten knagen hem kaal terwijl hij nog een beetje leeft en niemand reageert. Alle fatsoensrakkers zijn onderweg naar hun werk en hebben geen tijd om op de schreeuwende burgemeester te reageren. Ze lopen te bellen met hun effectenmakelaar. Oh zwervers aller landen, verenigt u en leg u te slapen in de schaduw van het Amstelhotel, leg u op de achterbank van alle limousines en zeik tegen alles wat autoriteit is en uw laatste vierkante meter slaapplaats wil slopen. Soms schaam ik me zo en vraag ik me oprecht af waarom niet af en toe hele recepties vol kleinburgerlijke burgemeestertjes stikken in hun toostjes kaviaar. God is rechts. Ik wil niet naar de hemel.

THUIS

Ik rijd door Frankrijk en aan de rand van een typisch
Frans dorpje zie ik aan de linkerkant van de weg het om-
muurde kerkhof liggen. Ik moet dan stoppen, mijn auto
uit en minstens een kwartier struinen tussen de bemoste
zerken. Franse graven zijn prachtig. De uit Lourdes meegenomen bordjes, de plastic bloemen, het fotootje van de
overleden jongen met de frisse blik en de altijd wat bom-
bastische grafhuisjes van de notabelen ontroeren mij zeer.
Ik slurp jaartallen, reken uit hoe oud ze waren of nu geweest zouden zijn en mijmer hardop over het zinloze
aardse bestaan. Waarom heeft niemand een zerk in de
vorm van een vraagteken? Mooi opvallend beeld tussen al
die berustende stenen. Hoewel? Hoe minder het graf
schreeuwt hoe meer vragen je gaat stellen.
De simpele steen met alleen

REMY

8-1-68 – 19-9-76

doet mij zachtjes huiveren en eigenlijk wil ik alles over
Remy weten.
In Nederland stop ik nooit aan de rand van Middelburg
of Hengelo om een kerkhof te bezoeken. Ik zou me daar
een gluurder voelen, een beetje naargeestig type dat naar
zerken staat te staren.
Toch was ik afgelopen week op een kerkhof. Het kerkhof
van Bussum waar mijn vader sinds 2 augustus begraven
ligt.

Mijn zusje en ik gingen even kijken hoe het graf geworden was, zetten een paar wintervaste planten op zijn laatste rustplaats en haalden nog wat liefdevolle herinneringen aan hem op. Daarna doolden we nog langs wat steentjes en omdat wij daar geboren en getogen zijn spraken heel veel namen tot de verbeelding. Daarbij is het ook nog eens de Rooms-Katholieke Begraafplaats, dus bijna iedereen die daar ligt, kenden we uit de kerk. Zo was dat vroeger.

Opeens staan we aan de steen van het verdronken meisje dat nu dik in de veertig zou zijn geweest en toen pas zeventien was. Even later valt mijn oog op het graf van de hoofdonderwijzer en zijn oudste dochter. Mijn hele lagere-schooltijd schiet voorbij. Onderweg naar de auto kom ik langs het meisje dat op gruwelijke wijze zelfmoord heeft gepleegd omdat haar vriendje het had uitgemaakt en weer even verder liggen de ouders van een vriend.

Bij de meeste stenen heb ik een gezicht en merk ook hoe verschrikkelijk gauw iedereen vergeten is.

Al die jaren ben ik langs dit kerkhof geraasd, tot augustus wist ik amper waar de ingang was en nu spring ik schotsje door mijn jeugd.

Het is lekker koud en mooi vroeg donker.

Daarna scharrelen we nog wat door het lege ouderlijk huis dat inmiddels verkocht is, laten elke kamer nog een keer goed tot ons doordringen en weten dat dit de laatste keer was dat we hier waren.

Hier ligt tweeënveertig jaar familiegeschiedenis waarvan ik er negenendertig heb meegemaakt.

Een greep uit de honderdduizend herinneringen: het voetballen met een paar sokken op de gang met de deuren van de badkamer en het kleine kamertje als goal, het hockeyen op de hoek van de straat, het honkballen bij de vijver van Vlek, slagbalwedstrijden tussen de vaders en de kinderen in de toen nog autoloze lanen, busjetrap tot de lantaarns branden, de in mijn herinnering dagenlange kerstdiners, de geur van mijn moeders zaterdagse macaroni met ham en kaas, het sjoelbakken onder de grote lamp en als je naamdag had mocht je 'een flesje uit de kelder'. Meestal werd dat Perl of Joy. Beide merken zijn verbuckerd ofwel: verdwenen.

Ik moest even schudden toen ik de deur voor de laatste keer op het nachtslot draaide, hoefde niet te huilen omdat ik een grote jongen ben en anderhalf uur later stond ik op het podium van het Amersfoortse theater De Flint en deed ik een poging de mensen met mijn humor wakker te schudden. Ik had er geen moeite mee en dat heb ik van mijn ouders. Doorgaan. Niet te veel omkijken.

En terwijl ik deze regel opschrijf moet ik opeens verschrikkelijk hard huilen.

IVANHOE

Afgelopen week werd ik getroffen door het bericht dat de heer Gerrit Brokx, de zo succesvolle eerste burger van Tilburg, drie keer per week met zijn opgerolde handdoekje naar het plaatselijke zwembad gaat en daar een kleine drie kwartier helemaal in zijn eentje mag badderen in het gemeentelijke chloor. Gerrit heeft au aan de rug, moet van de dokter veel zwemmen en als hij dat op normale mensentijd zou doen komt hij te laat op zijn werk. Daarom krijgt Gerrit het bad helemaal voor zichzelf. Dat is natuurlijk onzin. Er zijn wel meer ambtenaren die van de dokter moeten zwemmen en die gaan ook gewoon om negen uur 's ochtends achter hun bureau zitten. Nee, hier is iets anders aan de hand.

De oppositie heeft terecht vragen in de raad gesteld en door het hoge curiositeitsgehalte hebben die de landelijke pers gehaald. Dat zal de Brokxjes irriteren. Denk je eindelijk uit de Haagse heksenketel weg te zijn, wil je een beetje van je macht genieten in de luwte van wat Brabantse kinkels die niet zeuren over een werkkamerinrichting van een ton, een autostoel van zesendertig ruggen en een paar uur vrij zwemmen in de week en dan lezen je vrienden aan de andere kant van het land dat je toch nog steeds hetzelfde rare CDA-mannetje bent met de wat bizarre God de Vader-trekjes.

Waarom heeft Gerrit drie keer per week het zwembad voor zichzelf? Eerst ging het gerucht door Tilburg dat hij een paar lachlustopwekkende moedervlekken heeft en dat hij bang is voor de bijnaam 'Dalmatiër', maar dat weiger ik te geloven.

Later hoorde ik dat er door de Tilburgse kroegen mopjes gaan over de geringe zwemkunst van de burgervader, dat hij spartelend aan de hengel van zijn chauffeur hangt en als hij met een plankje zwemt dat hij dat voor zijn eigen hoofd heeft weggehaald. Als er in het Tilburgse café Weemoed een rondje voor de hele zaak wordt gegeven roept men bij het proosten: 'Benen naar de billetjes, wijd en sluit'.

Ook vertelde iemand mij de anekdote dat Gerrit van zijn Marjolein elke keer een kwartje meekrijgt om te versnoepen en dat hij meestal voor het spekkie gaat, maar dat ook nog wel eens wil afwisselen met een zoute drop. Hij is al een paar keer met een dropsnor op zijn werk gekomen.

Een tante van mijn vrouw is een geboren en getogen Tilburgse en zij vertelde mij dat zij de werkster van de Brokxjes goed kent en zodoende weet dat de heer Brokx nogal buitenproportioneel zwaar is geschapen en dat er geen zwembroek te vinden is die het geslacht Brokx een beetje behoorlijk camoufleert. Hoe Gerrit hem ook weglegt: je blijft verbaasd naar het kruis van de burgemeester turen. Ik geef toe: het is een raar praatje, maar ik citeer de ongetrouwde tante van mijn vrouw. Ik vertrouw haar niet.

Toch moet er een reden zijn waarom Gerrit het Tilburgse zwembad een paar uur per week voor zichzelf krijgt.

Ik weet het inmiddels, maar ik wil u vragen of u het een beetje stil wilt houden, daar het voor Tilburgs eerste burger best een beetje sneu is.

Zelfs zijn politieke tegenstanders hebben besloten verder geen vragen meer te stellen en hebben spijt dat ze de kwestie ooit hebben aangeroerd.

Brokx betreedt op maandag, woensdag en vrijdag om

acht uur 's ochtends het lege zwembad en dit ligt dan al vol met een paar honderd plastic opblaasbeesten, waaronder twee recente dino's. Tussen al die beesten zit een heel mooie witte zwaan, die heel streng, maar ook heel lief kijkt. Gerrit zit dan een half uurtje op de zwaan met in zijn rechterhand een houten zwaardje en galmt kraaiend van plezier: 'Ivanhoe, Ivanhoe'.

EFTELING

Sommige berichten doen me goed. Eurodisney heeft een verlies van 1,7 miljard en moet waarschijnlijk dicht. Goed zo, denk ik dan. Wegwezen met je Amerikaanse kitsch. Hou al die ongein aan de andere kant van de oceaan en val ons er niet mee lastig. Ik weet niet hoe het komt maar Amerika zegt me niks. Duizend keer per jaar begint er wel iemand tegen me aan te rammelen dat ik naar dat land met zijn onbegrensde mogelijkheden moet en dat ik bij terugkomst zal ontploffen van inspiratie, maar het raakt me niet. Als ik de combinatie van tijd en geld mag omzetten in een vakantie wil ik naar Frankrijk, Italië, Spanje, Scandinavië, Indonesië of China, maar niet naar de States. Mensen komen daar met enthousiaste verhalen vandaan en terwijl ik naar hun avonturen luister geeuwt mijn geest onophoudelijk. Ik ben er nooit geweest en zal er voorlopig ook niet komen. Dan kan ik er dus ook niet over oordelen, denkt u nu en dat is niet waar. Vooroordelen zijn ook oordelen en die zijn niet op niets gestoeld.

Een vriendin van mij had een tijdje een Amerikaanse man. Hij voldeed aan al mijn vooroordelen. Als zij een foto van hem liet zien hing hij of aan een spijker aan een steile bergwand of had hij een paar rollerskates aan zijn voeten of hing hij aan een elastiek aan de Golden Gate Bridge of ging hij met een surfplank van een hele wilde waterval af of hield hij een survival in een of ander treurig berenpark, maar nooit zag je hem met een goed boek in een stoel terwijl hij naar het requiem van Fauré zat te luisteren. Die man was voor mij Amerika. De koning van de *short kick*. Later heb ik hem gesproken en kreeg de slappe lach van zoveel clichés.

Amerika is ook niet leuk. Zo af en toe haalt men Amerikaanse komieken naar Nederland en kondigt hen aan als de *stand up comedians* die met hun bikkelharde humor en hun vlijmscherpe tong de samenleving fileren. Maar dan zie ik ze en weet in ons land zo vier grappenmakers die leuker, scherper en in elk geval harder zijn. Daarbij weet ik zeker dat een deel van de zaal net zo slecht Engels spreekt als ik en dus ook minstens een kwart niet begrijpt. Ik hoor iets te hard en veel geforceerd lachen. Daarbij: Amerikanen zijn niet leuk. Engelsen zijn leuk. Mr. Bean is Engels. John Cleese ook.

Veel jaren-tachtigouders zijn met hun kroost al eens over de plas geweest en hebben Disneyland of Disneyworld bezocht. Pak de foto's er nog eens bij en je ziet nooit een echte lach op de kindergezichtjes. Het is groot, veel en roze en het groot, veel en roze imponeert omdat het groot, veel en roze is en niet omdat het leuk of mooi of prachtig is. Als je aan kinderen later vraagt hoe het was dan hoor je 'leuk', maar je wordt nooit op de meest onverwachte momenten overvallen door bijzondere details. Mijn dochter praat nog dagelijks over de enge zussen van Assepoester die zij stom vindt.

Afgelopen zomer waren we namelijk met de hele familie naar De Efteling. Voor mijn vrouw en mij was het een schaamteloos lekker retourtje jeugd. De knibbelknabbelknuisje-heks, Langnek, de musicerende dwergen bij Sneeuwwitje, de fakir op zijn tapijtje, de slapende bakkers in het kasteel van Doornroosje en de wolf en de zeven geitjes brachten de kinderen buiten zinnen van geluk en maakten ons erg weemoedig. Alleen jammer dat Holle Bolle Gijs af en toe een forse wind laat. Dat deed hij bij ons niet.

Ook De Efteling is een beetje gezwicht voor het pretparkensyndroom en heeft een hoekje kotsheuvel in plaats van Kaatsheuvel, maar ik ben daar niet geweest en wil daar ook niet komen. Ik hoef geen voor zwangere vrouwen verboden schommelschip of een voor hartpatiënten gevaarlijke python. Ik wil De Efteling en geen Eurodisney. En ik wil trouwens ook gewoon Sinterklaas op een stoomboot en een schimmel en geen kerstman. Als ik eind december een kerstman met een bel in een tochtig winkelcentrum zie staan leg ik mijn kinderen onmiddellijk uit dat dat een verklede student is, dat hij illegaal is en zo snel mogelijk moet oprotten.

En wat is Sinterklaas dan? Een bisschop. En als hij in Nederland is woont hij in De Efteling. Eurodisney failliet. Heerlijk. Nu nog even de kerstman in het grenshospitium droppen.

STERVER

Afgelopen donderdagavond speelde ik in het Rotterdamse Theater Zuidplein. Dat theater ligt verstopt tussen miljoenen kilo's opgespoten beton en zelden heb je zoveel lelijkheid bij elkaar gezien.

Onder het toneel is een parkeergarage, door de artiestenfoyer loopt een carpoolstrook en tijdens de show rijdt er regelmatig een stadsbus over het podium. De busbaan loopt nou eenmaal zo.

Als je het zaallicht uitdoet en je vertelt gewoon wat je op dat moment te vertellen hebt aan zeshonderd leuke Rotterdammers die ook niet voor zoveel treurigheid gekozen hebben, valt het allemaal mooi mee. Wat me alleen irriteert is het feit dat de financiers, projectontwikkelaars en architecten in riante optrekjes in het rustieke Blaricum, het vluchtelingloze Wassenaar of het kapitaalprettige Noordwijk wonen en niet tussen de door henzelf geplaatste bunkers.

De voorstelling ging een beetje tussen hemel en aarde. Een zweefavond. Daar heb je er maar een paar van in een seizoen en het is niet uit te leggen hoe dat komt. De zaal wil, ik wil en op de een of andere manier valt alles precies op zijn plaats. Het eindapplaus was een warme douche en mijn buiging was diep voor al die mensen die een paar minuten later weer in de intens treurige parkeergarage zouden lopen zoeken naar hun Vectra.

Niet te lang blijven hangen omdat ik dit stukje wilde schrijven over mijn welp-zijn bij de St. Olavgroep in Naarden, de intocht van Sinterklaas en alle welpen met een fakkel in een bootje van de zeeverkenners. We escorteerden de stoomboot van de goedheilig man en samen met duizenden vetpotjes op de wallekanten van het historische stadje was dat een prachtig schouwspel. Na afloop liep ik tussen mijn ouders in naar de auto en kakelde nog honderduit over al het gebeurde toen er opeens een deur van een huis openging en een mevrouw gilde: 'Kennedy is vermoord. President Kennedy is vermoord.' Voor ik het wist stonden alle deuren in de Peperstraat open en was iedereen op straat. Radio's stonden hard en mijn moeder huilde. Dat laatste zal ik nooit vergeten. Ik was negen en begreep er niets van.

Toch is het leuk dat iedereen weet wat-ie deed op het moment dat hij of zij hoorde dat Kennedy vermoord was. Henk van Gelder heeft daar zo'n leuk boekje over geschreven. Het blijft een van de meest historische gebeurtenissen en het lijkt net of die tijd überhaupt leuker was. De Cuba-crisis, John Glenn die als eerste astronaut om de aarde ging, de Russen dreigden, de Beatles kwamen en de Stones en de VPRO en Dolle Mina en de Maagdenhuisbezetting en...

Was het inderdaad leuker of word ik gewoon een saaie lul? Dat mijmerde ik toen we de Maastunnel in zouden rijden en er bij de BMW voor ons een man de voorruit uit de auto sprong. Geen zin meer. Zelfmoord dus. Volledig uitgeteld lag hij in een gruwelijke houding op het steenkoude wegdek. Een uitgetelde zwerver met een touw om zijn vlekkerige broek, zijn blote voeten in goedkope sportschoenen, zijn gebroken benen onder de vieze korsten en schimmels, zijn ogen nog open en bloed drupte uit zijn oor. Hij ademde nog en dat was juist wat hij niet meer wilde. De politie en ambulance lieten tergend lang op zich wachten en in zo'n situatie lijkt een kwartier al gauw een uur, maar het indrukwekkendste was het verkeer dat doorreed. Aan de ene kant was het goed dat er niet zo'n haag van beterwetende EHBO'ers om de man ging staan kakelen, maar dit was toch ook wel erg karig sterven. Bij vier graden onder nul aan de ingang van de Maastunnel in het bijzijn van een cabaretier, die het zelf wel lekker vond gaan die avond, je ogen sluiten. Dus toen de zaal hard brulde van het lachen doolde de man honderd meter verder bij de tunnel op zoek naar de juiste plek om uit het leven te springen. Ik hoop voor de man dat het ademen inmiddels gestopt is en misschien krijgt hij nu de kans om aan Kennedy te vragen: 'Zeg John. Leven! Wat was dat nou precies?'

KINDERLIJK

Dus u bent kinderlijk-inkoper voor Volkswagen en Audi?
Niet alleen voor hen. Ik doe dit werk free-lance en werk
ook voor General Motors, een paar Japanners en heel af
en toe voor Volvo en Renault.

Hoe word je dat?
Dat is langzaam gegroeid. Ik werkte al op die afdeling
waar geschaafd wordt aan de veiligheid van de auto's, kinderzitjes worden getest en de airbag is ontwikkeld en op
een dag ontstond het idee om met echte doden te gaan
werken. Een gebroken been of een ingedrukte borstkas
kan je het beste bij een echt mens zien. Bij een pop is het
niks.

Hoe komt u aan uw materiaal?
Daar zijn allerlei kanalen voor. Je hebt ten eerste de uni-
versiteiten die veel rommel over hebben. Iemand heeft
zijn lichaam ter beschikking van de wetenschap gesteld,
de darmen, het hart en de pancreas zijn gebruikt en dan
kan je er verder nog een heleboel mee doen. Dan wordt
zo iemand opgevuld met houtwol en komt onze kant op.
Verder heb je de zogenaamde 'bodybanken', via hen kan
je eigenlijk bestellen wat je wil en dan hebben we op dit
moment een paar hele fijne contacten met een tweetal
Serviërs en een Kroaat. Via hen krijg je alleen niet altijd
het beste materiaal binnen. Vaak zijn die lijken al zo gewond dat het na afloop gissen is of een bepaalde verwon-
ding door een ongeluk of door de oorlog is gekomen.
Het liefst hebben we een goed infarct of een stevige dia-
beet, maar die zijn vaak weer te blond.

Hoe bedoelt u dat?

In Zweden is negentig procent van de mensen hoogblond en die jongens van de testafdeling vinden het dus niet prettig als ze een kleine blonde dood in een stoeltje moeten gespen. Dus voor Volvo zoeken we het vooral in het mediterrane zodat de jongens op de vloer niet te veel associaties hebben met overleden neefjes, nichtjes of buurkinderen. Fransen vinden het weer heerlijk om Duitsers in de auto te zetten en Volkswagen wil eigenlijk alleen maar Engelsen.

Hoe werkt het nou precies?

Het werkt heel simpel. Als wij de veiligheid van een modale middenklasser willen testen, dan stellen we via de bodybank een gezinnetje samen. Dat betekent: geen Somaliërs omdat die te breekbaar zijn, maar goed doorvoede Westeuropeanen die dan traditioneel in de auto worden gebonden...

Traditioneel?

De man rijdt, de vrouw zit ernaast en de kinderen zetten we met een stapel strips achterin. Daarna kunnen we een aantal ongelukken spelen. We kunnen ze met welke snelheid dan ook op een muur laten lazeren of een andere auto met een ander gezin van rechts laten komen en soms doen we Moederdag. Dan laten we een gezinnetje of acht in de kettingbotsing komen.

Na afloop tellen we het aantal breuken en ander letsel en weten dan hoe we de auto nog veiliger kunnen maken.

Ik dank u wel voor dit gesprek.

Graag gedaan.

YAB YUM

Het moet begin jaren tachtig zijn geweest. Mijn jongste broer Tom woonde in een erg vrolijk studentenhuis aan het Singel en ik werd gevraagd om daar Sinterklaas te spelen. Nico en Marjolein waren mijn twee Pieten en de avond verliep net zo melig en leuk en zinloos als al die andere avonden in dat huis. Toen het werk erop zat besloten we om nog een paar cafés met een bezoek te vereren. Onderweg kwamen we langs mijn toenmalige overbuurman, het luxe creditcardbordeel Yab Yum, die toen adverteerde met 'een wip voor een snip' of zoiets. Al jaren keek ik gefrustreerd naar de robuuste voordeur van het grachtenpand aan de overkant, zag nachtelijks de rijen taxi's, had de wildste fantasieën dat het er daar heftiger aan toeging dan op een autoloze zondag in Epe en wilde al die jaren maar één ding: naar binnen!

'Is het een idee om daar even langs te gaan?', opperde ik en wist al bij het stellen van de vraag dat daar geen bezwaar tegen zou zijn.

We spraken een of andere onduidelijke tactiek af en belden aan. De portier schrok van de hoerenlopende goedheiligman, moest lachen, riep er een bedrijfsleider bij en die vroeg wel vier keer op lacherige toon: 'Ben jij het Jaap?'.

De komst van de sint werd als curiositeit gewaardeerd en voor we het beseften stonden we binnen. Ik liep even langs alle dames van plezier, gaf ze een handje snoepgoed, knipoogde naar de wat zenuwachtige zakenerecties en zette mij met de eigenaar van het geriefpaleis aan de bar.

De barkeeper vroeg op luidnichterige toon wat de Sint en

zijn knechtjes wilden consumeren en schonk vervolgens drie glazen champagne in. Ondertussen passeerden veel belegen grappen over de potentie van de hoogbejaarde goedheiligman de revue en ongetwijfeld zijn ook de 'schimmel tussen de benen' en de 'zak van sinterklaas' langsgekomen. Ik had van hoerenlopers geen hoger niveau verwacht.

Profiteren, dacht ik, en heel goed kijken. Ik moest het later allemaal scherp kunnen navertellen. Het geheel viel me een beetje tegen. Ik vond het met de hoogpolige vloerbedekking en de getinte spiegels nogal een hoerenkast en had dat niet verwacht. Meer cachet, meer klasse en ik hoop dat de kamers er wat chiquer uitzien. Anders is het wel erg ziekenfondswippen.

De kick van de aanwezigheid van de Sint was al snel voorbij en het werd duidelijk dat er weer iets moest gebeuren. Sinterklaas stagneerde de gewone werkzaamheden en alle klanten hadden allang door dat ze niet zonder een opmerking van deze adremme bisschop met een mokkeltje naar boven konden *sneaken*. Opeens zag ik een telefoon op de bar staan en kreeg het simpele idee om even met thuis te bellen om aan mijn vriendin mede te delen dat ik in het befaamde Yab Yum stond.

'Mag ik even bellen?,' vroeg ik heel beleefd.

'Als het niet naar Madrid is,' grapte de eigenaar.

Ik nam de hoorn van het toestel en voor ik het nummer van mijn lief draaide wilde ik weer net even te lollig zijn en schreeuwde: 'Kan het even stil zijn. Ik moet namelijk even naar huis bellen om te zeggen dat ik hier ben. Zijn er nog meer heren die even naar huis willen bellen dat ze hier zijn?'

Voor ik het wist had ik twee stevige handen onder mijn oksels en bungelden mijn beentjes twee centimeter boven

het tapijt. In vliegend tempo werd ik naar de deur gebracht, de portier hield de zware deur open en voor ik
het wist stond ik buiten. Daarna kwam de staf, hierna een
Piet en daarna nog een. Geen geweld, geen pijn, geen ge-
schreeuw en zeker geen ruzie.

'Tot ziens Sinterklaas,' glimlachte de eigenaar en sloot de
deur.

'Wat deed je nou?,' vroegen Nico en Marjolein die de
grap niet eens hadden gehoord en ik herhaalde mijn tekst.

'Is dat alles?'

'Meer was het niet,' moest ik bekennen.

En fronsend stortten we ons in drinkend Amsterdam.

BEGRAVEN

'Gaan zoals je was' heette de documentaire die door de IKON werd uitgezonden. Een aantal mensen dat nog maar een geringe tijd te leven had vertelde over de manier waarop zij begraven c.q. gecremeerd wilden worden. Leonie wilde in een rode kist en een zwerfkei met alleen haar naam op het graf, Reint wilde een mooie ouderwetse rouwkoets en als muziek een combinatie van Beethoven en De Kermisklanten. Ik vond het knap omdat ik een beetje weet wat televisie is. Ik zag de geluidsman met de microfoonhengel, de cameraman, de producente, de regisseur, de regie-assistente en nog wat anderen rond het bed van de doodzieke patiënt.

'Mag deze take nog een keer over? Ik heb niet genoeg licht. Wilt u iets meer ontspannen als u praat?'

Ik vond het programma mooi, maar zag ook een heel groot luxe verdriet.

Hier in het Westen kunnen we tot op de seconde in de grootste politieke vrijheid doen, laten en vooral zeggen hoe we willen leven en ook het allerlaatste ritueel mee regisseren. In Sarajevo heb je er weinig die debatteren over de kleur van de kist, de auto of de koets, begraven of cremeren en in Somalië babbel je ook niet echt lang met de begrafenisondernemer over wel of geen plakje cake bij de koffie.

In Mostar worden de meesten gecremeerd door de vijand, terwijl ze liever een jaar of veertig later door hun eigen familie begraven hadden willen worden.

In Nederland wordt het laatste afscheid steeds persoonlijker. Een vriend van mij kan smakelijk vertellen over de meest folkloristische aidsbegrafenissen. De ene keer moet hij met een vuurpijl (symbool) zwaaien, de andere keer met een takje groen (ook symbool), weer een andere keer huppelt een abstracte danseres een macrobiotisch dansje om de kist en de keer daarop moet hij champagne drinken aan de groeve onder de uitroep: 'Dag Karel, dag jongen!' Het is voor hem telkens weer een uiterst avontuurlijk uitje en zo gauw hij thuis is doet hij mij telefonisch verslag van de curieuze circus-acts die hij nu weer gezien heeft. En ik moet zeggen: smakelijke verhalen, goed gekruid. De ene crematie is nog bonter dan de andere en sommige mensen worden kleurrijker begraven dan ze ooit geleefd hebben. De meest grijze Opel Kadettjes nemen afscheid als een Bentley. Tijdens het kijken naar het programma dwaalde ik af naar mijn eigen dood. Hoe wil ik het eigenlijk? Moet mijn as uitgestrooid worden boven het woeste Emmeloord? Wil ik gecremeerd worden in het exotische Lelystad? Of wil ik begraven worden in een duinpan vlak bij Bloemendaal omdat ik het daar een keer in de sneeuw met mijn vrouw heb gedaan? Ik weet het niet en eerlijk gezegd interesseert het me ook niet. Het enige dat ik heb gemaakt is een lijstje met mensen die niet mogen speechen. Want ik verdenk een paar vage kennissen dat ze van de gelegenheid gebruik zullen maken en ongevraagd achter de katheder kruipen om wat afgekloven clichés uit een of ander citatenboekje over me uit te strooien en die kans gun ik ze niet. Geen woord. Brahms, Rachmaninov, Saint Saëns en Elgar, maar verder geen lettergreep. Ik heb zelf al genoeg geluld. Vijf jaar geleden werd een vriend van mij gecremeerd en stond de personeelschef van de zaak waar hij gewerkt had zo lang te ouwehoeren dat op een gegeven moment de kist openging en er een urn uit kwam die riep: 'Ik weet niet hoe het met jullie is, maar ik ben al klaar.'

DRIEHOEK

Verbijsterd rijd ik door Zaandam, onthutst door Hilversum, ernstig in de war door Etten-Leur en geestelijk gewond door Sittard. Ik ben op tournee, help me door Nederland en stuit op driehoekjes. En niet zomaar driehoekjes, maar de meest verschrikkelijke, wanstaltige en truttige driehoekjes die er bestaan. Ik heb het nu over de elektrieke Blokkerkaarsjes die heel Nederland voor het raam heeft gezet omdat het bijna Kerstmis is. Nederland wordt romantisch en gaat feestverlichten. Alles wat een ondervoede conifeer of een bijstandsberk naast het tuinpad heeft staan gooit er een pretsnoertje in en doet een poging om warm over te komen. De feeërieke confectie is gulzig uit de HEMA's geslurpt, de Makro's zijn leeggehaald en iedereen heeft het driehoekje voor zijn raam gezet of een paar lullige lampjes in zijn boom gejast.

Vroeger had je bij ons in het Gooi wat kakkers die een stevige den naast de oprijlaan hadden staan en daar lieten ze de tuinman wat lampen in aanbrengen. Wij gingen die adresjes af, klommen in de spar en draaiden een aantal peertjes los. Dacht de vloekende eigenaar de losse lamp gevonden te hebben, dan moest hij toch nog even een paar takken doorklimmen. Wij, jong en lenig, waren in de top geweest en hij, dik en buik, durfde op een bepaald moment niet hoger. Dus een kerst met een gedoofde boom. Wij gniffelden in de bosjes en hadden weer een jeugdig avondje verveling op vrolijke en uiterst aangename wijze weggezet. Maar nu kan de Bussumse jeugd overuren maken en belandt nog voor de 25ste van deze maand op de afdeling psychiatrie van het ziekenhuis Gooi

Noord. Heel Blaricum, Huizen, Bussum, Naarden en Hilversum heeft zichzelf namelijk in de lampjes gestort en de jongeren verhangen zich uiteindelijk radeloos tussen de prikkabels. Niet alleen het chique Bikbergen, maar ook de mindere Rembrandtlaan, de sobere Vogelkersstraat, de saaie Regentesselaan en de treurige Johannes Gerardtsweg baden in een zee van trutlampjes. Rendieren van lamp, sleeën van licht en kerstmannen van ander elektriek gefröbel sieren de geveltjes van de kleinburgers. Straks stort een Boeing op de Bussumse Brediusweg omdat de captain van de KL 853 dacht dat het de landingsbaan van Schiphol was. Ondertussen rijden over de A1 alle vrachtwagens met pretboompjes op het dashboard, achter de voorruit knippert minimaal een kerststukje en ook bij onze truckers heb ik al een driehoekje met zeven kaarsjes gezien. Kan hij lekker de hele dag aan thuis denken. Sommige chauffeurs hebben hun hele raam afgekaderd met een snoertje en lijken een rijdende pizzeria. Ondertussen staan alle flatgebouwen massaal te driehoeken. Honderdvijftig ramen dus honderdvijftig driehoekjes per flatgebouw. Nederland heeft vijf miljoen woningen, een woning heeft gemiddeld zeven ramen en over een paar dagen stralen er dus vijfendertig miljoen driehoekjes ons land in. Daarbij heeft elke afdeling van ieder kantoor ook nog eens een eigen boom plus een zestal individuele bureaudriehoekjes en het CBS schat het totaal aantal kantoordriehoekjes op een kleine honderd miljoen.

In een decembermaand wordt de aardgasbel op feestelijke wijze gehalveerd, elektriciteitscentrales werken 's nachts op volle kracht om alle kaarsjes aan de praat te houden en de man die daar kerstnachtdienst heeft maakt zijn grauwe kantoortje gezellig en draaglijk met een driehoekje.

Alleen al door het brandend houden van de driehoekjes, de pretsnoertjes en al het andere kerstgefrunnik wordt de ozonlaag per kwartier centimeters dunner en de biologen hebben berekend dat het als gevolg hiervan nooit, maar dan ook nooit meer zal sneeuwen. En dat is jammer, want eerlijk is eerlijk: dat was nog romantischer. En goedkoper.

WAAROM NIET?

Dus in Engeland kunnen ze nu eicellen uit een geaborteerde foetus halen, laten volgroeien in een lab, bevruchten met mijn sperma, door een Italiaanse dokter laten inbrengen bij mijn met hormonen opgepompte moeder van 80 en negen maanden later is er een kleine Youpie. Zowel mijn vrouw als mijn moeder heeft mij verteld dat zwangerschap een niet te omschrijven sensatie met zich meebrengt en waarom zou je je oude moeder deze gelukstoestand misgunnen aan het eind van haar leven?

Problemen bij de geboorte? Kan het oude mens het aan? Ach, we zijn zo ver met de keizersnee dat daar ook wel een oplossing voor komt. Als de methode met de geaborteerde foetussen een succes wordt is het misschien een goed idee om je zuster, bij wie het wel goed werkt, zwanger te laten worden, de zwangerschap bijtijds te laten onderbreken, de eitjes te scoren, sperma van je man of voor mijn part een vriesvakvader eroverheen te gooien en negen maanden later komen er kraaiende geluidjes uit het wiegje in de hoek van de babykamer.

Of je moeder wil graag oma worden en jij hebt wel wat beters te doen dan negen maanden met zo'n toeter rond te wandelen, wat doe je dan? Precies! Oma doet ook even de zwangerschap. Hebben je ouders weer wat om handen. Anders zitten ze toch maar weg te vutten in hun aanleunwoning. En jij kunt lekker doorgaan met je carrière en je wintersport.

Waarom zo ethisch? Dat materiaal is er toch en als de medische wetenschap zo ver is dat een vrouw van 64 een tweeling kan baren en die vrouw wil dat graag... Volgens mij kunnen we nog veel verder gaan. Over de hele wereld liggen enkele duizenden comapatiënten in een bed te vegeteren en deze mensen kosten een hoop geld. Is het misschien een idee om, als de familie erin toestemt, een aantal zwanger te maken en een kindje te laten krijgen? Ze krijgen een redelijke vergoeding en hebben op die manier toch nog een functie op de kermis. Je maakt er zoveel wanhopige ouders gelukkig mee.

Rest nog de vraag: neem je de kleinkinderen mee als oma gaat baren? Of is dat te heavy voor het grut? Maken we er wel een videootje van? Het is bekend dat veel dementerende oude mensen op het laatst van hun leven met een pop lopen te zeulen en daartegen praten alsof het een echt kind is. Is het niet veel natuurlijker om ze werkelijk een kind te laten krijgen, zodat ze niet zo mensonterend tegen een stuk speelgoed lopen te blaten? Het brengt ook een hoop vrolijkheid op zo'n doorgaans wat sombere afdeling.

Het spreekt me persoonlijk erg aan dat er ook een beetje gerommeld kan worden met ras en huidskleur. Geen beter protest dan om als negerin een albino op de wereld te zetten of als Palestijnse een klein joods jongetje. Gewoon om te pesten. Moet je 'oom' tegen je broer zeggen als oma voor je moeder het klusje geklaard heeft? Wordt het niet leuk om binnenkort te oefenen op de tweekleurige tweeling? Dus een Chinees en een Zuidamerikaan uit een puur Hollandse moeder uit Groenlo.

Persoonlijk hoop ik dat het experimenteren niet stopt en misschien krijgen mijn kinderen genetisch gemanipuleerde kinderen die nooit meer kinderloos kunnen worden en misschien kunnen we ze zo manipuleren dat je van tevoren al kunt aangeven wat hun hobby's worden. Wij willen een kleinzoon die skiet als Tomba, de humor heeft van Mr. Bean, de stem van Paul de Leeuw, het karakter van Willeke Alberti, de ogen van Jari Litmanen, de lach van David Endt, het schrijftalent van Kees van Kooten en als u er nog een drupje van uzelf aan toe wilt voegen, dokter, ga uw gang.

GODVER

In heel veel abri's hangt op dit moment de schitterende poster van de Dierenbescherming. Een prachtige vrouw met borsten als koeie-uiers en het affiche waarschuwt ons alleen maar tegen het enge gemanipuleer met de genen bij stier Herman en consorten. Op de radio hoorde ik gelukkig alweer heel gauw een discussie tussen de laatste twee gereformeerden die ons land nog telt over het feit of deze poster wel of niet mocht. Het was spotten met de schepping, een aantasting van de eerbaarheid van de vrouw in het algemeen, et cetera. Een duidelijke NCRV-stem zalfde een half uurtje door over dit onderwerp en het leuke was dat het er dus niet meer over ging of dat gesodemieter van al die veterinaire Mengeles nou wel of niet geoorloofd is, maar of het wel of niet toelaatbaar is zo'n poster op het perron van het nette Spijkenisse te hangen.

Terwijl de Veluwse boerin mij via de ether lastig viel met wat van de Here wel en niet mag, stond haar man de Clenbuterol per kilo in de kalveren te scheppen. En alle dokters in de kinderziekenhuizen maar wanhopig kijken naar de kale chemo-koppies van de kleine kankerpatiëntjes en maar zoeken naar de oorzaak van deze vreselijke ziekte. Als we eens een poster ophingen met daarop de foto van zo'n doodziek kindje om te protesteren tegen de kilo's chemicaliën die in elke gemiddelde appel, tomaat, courgette, komkommer en/of biefstuk wordt gepompt, staat onmiddellijk het halve Westland op zijn gelovige benen te roepen dat die poster kwetst en niemand heeft het meer over de massale vergiftiging van een heel volk waar we al jaren systematisch mee bezig zijn.

Laten we het over de gasprijs hebben en of de brief van Bukman wel of niet geoorloofd was. Ondertussen ligt de hele Nederlandse kust vol met kleine zakjes landbouwkanker. Ik durf te wedden dat er dit weekend weer een file mongolen naar de kust trekt en de duinen vertrapt om de ramp met eigen ogen te kunnen aanschouwen. Misschien leuk om zo'n zakje als souvenir mee naar huis te nemen.

Jaren geleden schreeuwde ik in een van mijn theaterprogramma's wanhopig dat het godverdomme een schande is dat er een heel werelddeel verhongert en dat wij dat live op de buis kunnen volgen. Als je op de Europese boterberg gaat staan kan je zonder verrekijker heel Afrika zien sterven.

Na afloop werd de VARA overspoeld met telefoontjes en brieven over het feit dat de cabaretier gevloekt had en niemand van de fatsoensrakkers had het over de inhoud van mijn mededeling. Hij heeft 'godverdomme' gezegd en dat mag niet van God.

Dus laten we het over de poster van de Dierenbescherming hebben. Mag die wel in de buurt van kleuterscholen hangen? Of ontregelt dat de kleine fröbelaars geestelijk te veel?

Ongetwijfeld meldt zich tussen nu en een week een club zichzelf gepunnikte feministes die de essentiële vraag stellen waarom het weer een 'vrouw' moet zijn op het affiche en niet een man met twee gemberwortelvormige lullen of een zak als een zeppelin met daarin een bal of zes!

Uiteraard zijn de GPV'ers in Hollandsche Veld en de SGP'ers in Veenendaal fel tegen de opruiende aanplakbiljetten binnen hun gemeente en ik ben erg bang dat ook Meindert Leerling alweer bezig is met een paar stevige kamervragen over de onzedelijke prenten die duidelijk aanstoot geven in het landelijke straatbeeld.

Ondertussen manipuleren ze in alle laboratoria rustig verder. Muizen worden bevrucht door een geit, waardoor je een rat met horens krijgt en de bioloog stoeit met zijn eigen sperma net zo lang onder de elektronenmicroscoop tot hij binnenkort met een biseksueel resusaapje met het IQ van Chriet Titulaer op de schaakclub de kampioen kan verslaan.

Terwijl ik dit stukje schrijf ben ik bang dat er deze week ook weer brieven komen van een paar verwrongen spellingfanatici, die zich afvragen waarom ik poster en geen pooster schrijf en geen affiesje in plaats van affiche.

Ja, laten we het daar over hebben! Laten ze de taal zo vereenvoudigen dat over twintig jaar de kalfjes van stier Herman ook kunnen lezen. Ik ben alleen bang dat ook dan kanker gewoon kanker blijft!

STEKKIE

De Reehorst in Ede was een theater en is langzaam ver-
worden tot een congrescentrum met veel zalen, een hotel
in aanbouw en een heuse wintertuin. Dus door de week
staat daar een bedrijfspsycholoog met de onvermijdelijke
flipover een paar honderd suffe registeraccountants wijs te
maken dat ze helemaal geen saaie zakken zijn, in een zaaltje daarnaast staat een deskundige twintig keurslagers toe
te spreken hoe ze moeten reageren op het opkomend ve-
getarisme, terwijl de grote zaal wordt klaargemaakt voor
een optreden van de niet meer uit de motivatiecultuur
weg te denken Emile Ratelband die met een zak houts-
kool, twee kilo glasscherven en heel veel *tsjakka's* zijn
Rolls Royce komt bijtanken. In het weekend is het voormalige theater nog een beetje schouwburg. De aardige directeur liet mij na afloop van mijn voorstelling het nieuwe gebouw zien en we stuitten op een gezelschap dat
zich gedroeg als een niet al te vlot lopend personeelsfeest
van het GAK. Paasbeste echtparen aan tafeltjes met blokje
kaas met stukje ananas aan prikkertje. Het bleek niet om
een bedrijfsfeestje te gaan, maar om een fuchsiavereniging.
Een wat?
Een fuchsiavereniging!
Ik moest het ook drie keer vragen voor ik het begreep. In
een fuchsiavereniging zitten mensen die voor hun hobby
fuchsia's kweken en af en toe een expositie houden. Dan
worden alle exemplaren op een rijtje gezet en daar komen
dan andere volwassen mensen van vlees en bloed naar kijken.

U denkt: zeven demente tantes en een licht geriatrische neef die toe is aan een uitje, maar niets is minder waar. In een week tijd trok de tentoonstelling meer dan vijfendertigduizend bezoekers. Twee Ajax-stadions vol huisvrouwen stommelden gejast en getast De Reehorst binnen, schuifelden langs de honderden of misschien wel duizenden fuchsia's en wisten na afloop dat de fuchsia die wij kennen eigenlijk een bastaard is, dat wij deze familie van de teunisbloem onder de heesters mogen rekenen, dat er een kleine honderd soorten bestaan en dat ze in het wild wel drie meter hoog kunnen worden.

Een fuchsiavereniging. Je zal toch aan de bar van café Petticoat aan de Nieuwe Stationsstraat in Ede een meisje staan te versieren, je vraagt of ze zin heeft om met je mee te gaan naar Amsterdam om er een weekend met peper en zout van te maken en ze onderbreekt je met de mededeling dat ze de plantjes water moet geven.

'De plantjes water geven?'

'Ja, ik fuchsia en we hebben volgende week Europese kampioenschappen in Eelde.'

Een meisje dat hockeyt lijkt me geen feest, een meisje dat moet korfballen nog erger, maar een meisje dat fuchsiaat is niet uit te leggen aan je vrienden.

Zondag hing de Tory-parlementariër Stephen Milligan creatief met jurk aan het plafond van zijn keukentje, hij had zich voor een vrolijk potje wurgsex met heel veel jarretels letterlijk van kant gemaakt. Een touwgay dus. En ondertussen trokken in Ede duizenden mensen langs de fuchsia's. Wat een prachtig beeld. Drie avonden heb ik staan vloeken, tieren, zingen, lachen en foeteren tegen de Veluwse bevolking en twee zaaltjes verderop liep een aantal vrolijke Edenaren de fuchsia's te verzorgen. Elke dag veel water, elke week een paar lepels mest, voor de winter enigszins terugsnoeien en een mengsel van scherp zand en potgrond is veruit het beste.

Grote wolken pakken zich samen boven Europa, de mouwen worden voorzichtig opgestroopt voor een militair ingrijpen in Bosnië, schaatsers werken aan hun laatste voorbereidingen voor een medaille in Lillehammer, PSV leeft nog één keer op en maakt Ajax met boter en suiker in, bij Fokker wordt vooral hard met de ellebogen gewerkt en in De Reehorst spreekt de voorzitter van de fuchsiavereniging tot de leden dat het een prachtig fuchsiaseizoen wordt.

Mocht u dit weekend overvallen worden door een flinke depressie of door het verlammende gevoel dat er niemand van u houdt, de wereld aan egoïsme, haat, nijd en maîtresses ten onder gaat, denk dan aan mevrouw De Ruiter van Azaleavereniging Nieuw-Vennep. Zij doet morgenmiddag honderdveertig azalea's in bad. Lekker gevoel hè?

CONDOOMVADER

Eén op de twintig homo's is met het HIV-virus besmet. Is dat zielig of is het gewoon dom? Ik denk regelmatig het laatste. Een jaar of tien roept iedereen dat je het niet zonder mag doen, het beflapje zit in het ziekenfondspakket en voor en na elk journaal komt een Postbus 51-trut uitleggen dat het met condoom eigenlijk lekkerder is. Voor haar misschien wel, maar voor ons niet. Het blijft vioolspelen met bokshandschoenen.

Nu wil men dat op elke school buiten de lees- en de overblijfmoeder ook de 'condoomvader' zijn intrede doet. De jeugd moet condooms gaan gebruiken en daarom zoekt Reina Foppen (geen bijnaam) van de HIV-vereniging mannen die willen verkondigen dat zij zich met condoom meer man voelen dan zonder.

Opeens ben ik weer dertien, zit op de achterste bank in lokaal zeventien van de Naardense Godelindeschool en volg met een half oog de biologieles van de oersaaie Stemvers. Hij gaf ons ooit een dusdanige krakkemikkige seksuele voorlichting dat we ons afvroegen wie hem geholpen had bij het maken van zijn eigen zoon.

Stemvers vraagt stilte en introduceert de heer Van der Heijden, de vader van Marjon.

'Meneer Van der Heijden zal jullie het een en ander vertellen over het condoomgebruik.'

De vader van Marjon, een suffe medewerker van het kadaster met een door zijn vrouw uitgekozen geen-gezicht-bril, gehuld in een Noorse trui en een paar goed bedoelde Zweedse muilen, komt dan vertellen hoe wij met het rubbertje om moeten gaan en als hij het woord 'erectie' uitspreekt ligt de hele klas huilend van het lachen onder de bank. Hij zegt het woord alsof hij er eerst een uurtje op gekauwd heeft, of het de aandrijfas van een achterwiel is, een verschrikkelijke ziekte die je nooit hoopt op te lopen, een landmeetkundig instrument of wat dan ook. Later vertelt de trui ook nog over de 'staat van opwinding' en in de kleine pauze kunnen minstens zeven jongens de vader van Marjon heel goed nadoen. Op het moment dat Frits van Dam de man tot in de perfectie imiteert, komt hij langs. Op de brommer. De uren daarna zijn we niet meer stil te krijgen. We zien de vader van Marjon in staat van hevige opwinding zoeken naar zijn condoom, terwijl de moeder van Marjon kreunend ligt te wachten tot haar Don Juan toeslaat. De moeder van Marjon is caissière bij de HEMA en een saaier, grauwer en fletser schepsel is er op deze aardkloot niet te vinden.

In de grote pauze krijgt de arme Marjon alle hoon over zich heen en wij doen weer proestend haar vader 'in staat van opwinding' na. De hele school ziet in gedachten de pornofilm van de ouders van Marjon. De slaapkamer op het exotische adres Loefzij 48 is het decor van onze grofste puberale fantasieën. De heer Van der Heijden doet het met zijn helm op. De volgende dag is Marjon ziek. En terecht.

Je kan het toch niemand aandoen om de rol van condoomvader op zich te nemen. En de vader die met een banaan en een Durexje voor de klas wil komen moet maar eens diep nadenken en goed aan zijn zoon of dochter denken. Je schaamt je toch dood als je vader met zo'n ding voor het bord komt. Als je ouders elkaar in het openbaar aanraken schiet het schaamrood al naar je kaken en vraag je of ze willen ophouden met die bejaardenseks, maar als je vader ook nog eens voor de klas komt fröbelen met een condoom wordt het helemaal treurig.

En al die besmette homo's dan? Die moeten gewoon veilig vrijen en een condoom gebruiken.

En als ze niet weten hoe dat moet?

Er zijn genoeg homoseksuele condoomvaders die dat ze
een keer willen uitleggen.

Je hebt alleen kans dat als het paaltje bij het paaltje komt
je alles, maar dan ook alles vergeet. Dus ook het condoom.

KAKETOE

Ik weet niet of u van plan bent om ooit extreem rechts te gaan stemmen, maar als u dat doet: denk even aan de familie Van der V.

Niet dat zij iets met Janmaat te maken hebben, maar het is bekend dat de Centrumdemocraten alle illegale buitenlanders over de grens willen zetten en dan schijnt ome Gerrit van der V. met een behoorlijke afwas te blijven zitten.

Niet alleen de motelletjes van de familie Van der V. komen in de problemen, maar het halve Westland gaat wanhopig aan het dure gas, in de Betuwe verrot het fruit aan de bomen, in de Rotterdamse haven wordt geen tanker meer geclassificeerd en in Limburg geen asperge gestoken. De rosse buurten raken ontvolkt daar alle ramen bevrouwd worden door onwettige dames uit de warmste landen. Dus willen we de economie draaiende en de restaurants van de familie Van der V. open houden, stem dan zo links mogelijk.

Ik hou persoonlijk erg van de familie Van der V. en vind het zielig voor Gerrit dat hij in de cel moet slapen. Lig je daar met je Zwitserse paspoort op een houten brits en voel je je net die illegale afwasser die in je eigen motel naast de verwarmingsketel slaapt.

Het is een wonderlijke familie. Eerlijk gezegd had ik voordat Toos ontvoerd werd nog nooit van ze gehoord, maar daarna des te meer. Welke afslag op welke snelweg je ook neemt: je komt langs een motelletje van de familie. Ik geloof dat ze er op dit moment een kleine zevenhonderd hebben en er ligt steeds vijf en een half miljoen in contanten klaar om een nieuwe te bouwen. Het is gemakkelijker om die poen in huis te hebben. Anders staat er zo'n rij achter je als je dat bedrag staat te pinnen.

Ik hou van de familie Van der V. omdat ze met grote regelmaat een beetje leven in de toch vaak saaie Hollandse brouwerij brengen. Ze staan vaker in *De Telegraaf* dan Westerterp en je moet van goeden huize komen wil je deze ijdeltuit verslaan.

Er is altijd wat. Of er wordt een motelletje gesloten omdat de maden, de muizen en de ratten in de keuken eigen tennisbanen, een harmonie, een pretpark en een volledige voetbalcompetitie hebben, of ze kopen een complete schouwburg voor de prijs van de Scheveningse Pier ofwel een symbolische gulden, of hun uitbreiding met een dozijn motels in Duitsland gaat niet door, of ze stoppen een bus geestelijk gehandicapten ergens diep in een vochtige kelder omdat de gewone mensen ze niet mogen zien en zo houden ze ons lekker bezig.

Zelf heb ik er nooit gegeten. Ik kwam een keer binnen, vroeg aan de ober naar het lopend buffet en de zwaar eczemende man vertelde mij dat het net bij de lift liep. Verder vertelde een vriend mij dat er door justitie regelmatig invallen worden gedaan en dat de illegalen dan een paar uur worden ingevroren of zelfs worden gekookt en in porties opgediend.

Geen verjaardag of de familie Van der V. gaat over de tong. Iedereen heeft wel een achternicht die er voor drie dubbeltjes per uur heeft gewerkt, een vage neef die heeft gezien dat het overgebleven eten van de vuile borden terug in de pannen gaat en een oom die er portiersdiensten draait van zesendertig uur achter elkaar. Maar niemand heeft dat zelf meegemaakt.

Op zondag zit heel Nederland er in gezinsverpakking – inclusief opa en oma in trainingspak – een varkenshaasje roomsaus te scoren, alle vertegenwoordigers drinken er jaarlijks hectoliters koffie en verder gaat heel getrouwd Nederland er vreemd. Voor vijfenzestig gulden heb je au bain-marie met je maîtresse vergaderd en anoniemer dan in een Van der V.-motel kan je niet neuken. Heel veel keurige huisvaders lispelen bij het verlaten van het motel dan ook naar de vogel op het dak: 'Kaketoe'. Het is echter een toekan.

Kortom: eigenlijk verdient Gerrit namens de hele familie Van der V. een lintje vanwege de spraakmakendheid en niet een week cel.

Aan de andere kant heeft-ie ook wel weer mazzel: nu eet hij eindelijk ook eens een week lekker.

PLOP

Afgelopen woensdag speelde ik in Assen en kwam voor mijn voorstelling in een restaurant de allerhartelijkste lijsttrekker van de PLOP tegen. De Politiek Logische Oprechte Partij. Willem Homan, zo heet de man, hoopte op een zeteltje of vier. Eerlijk gezegd leek het hem ook wat veel, maar hij had het steeds geroepen dus hij moest nu niet terugkrabbelen. Ik mocht wat van hem drinken omdat ik in het theater wat grappen over hem had gemaakt, maar ik drink nooit voor ik het toneel op stap.

In de pauze gonsde het in de catacomben van cultureel centrum De Kolk. De PLOP heeft vijf zetels gehaald. Vijf.

'Zoveel mafkezen hebben ze niet eens,' schamperde de een.

'Het is een beetje uit de hand gelopen café-grap,' opperde een ander.

Wat wil de PLOP?

De PLOP wil een swingend Assen!

U leest het goed: een swingend Assen.

Ik moest er ook erg om lachen. Ik heb een week in het aardige hotel De Jonge gelogeerd, mijn kranten en boeken gehaald bij Iwema, mijn pilsje gedronken in De Beefeater en De Eenhoorn, een heerlijke verjaardagstaart gescoord bij Gosselaar en het was allemaal prima in orde, maar het kan inderdaad allemaal wel wat swingender.

Willem is nu de baas van de tweede partij van Assen, wordt wethouder van cultuur en zijn stadje wordt een zuigende metropool, een kloppend hart van Drenthe, een echte hoofdstad, een uitgaanscentrum, een New York van het noorden. Twee Italiaanse architecten maken van het

tuttige centrum een bouwkundig hoogstandje en vakge-
noten uit de hele wereld komen naar Assen om inspiratie
te tanken. Het is functioneel en zeer ontroerend. Gewaagde schuine daken, vreemde doorkijkjes, een futuris-
tisch station met een restauratie met een Michelin-ster,
het nieuwe theater zweeft als het ware in het hart van de
stad en na afloop geen burgerlijke bitterballen en maag-
zuur ontbrandende vlammetjes, maar spannende sushi's en
champagne. Dat Theater kan alles hebben. Grote opera's,
knetterende musicals, maar ook een spelonk voor de mes-
scherpe *stand-up-comedienne* Nathalie de Graaf, die door
haar publiek liefkozend Bep genoemd wordt. Assen krijgt
kleur, de binnenstad wordt een bonte was van nationali-
teiten. Wat wil je vanavond eten? Cubaans, Moldavisch,
Kazachstaans of gewoon doordeweekse Malinese kroko-
dilkroketten? Levi Weemoedt wordt voor het eerst in zijn
eigen stad herkend, Donna Tartt verblijft in de imperial
suite van Hotel De Jonge, dat inmiddels geheel herbouwd
is en heel trendy Young heet. Zij en Jung Chang houden
een workshop en ontleden hun werk voor studenten, cri-
tici en andere geïnteresseerde Drenten. Ze souperen na
afloop in het penthouse van Harry Mulisch.
Megadisco's neonnen je naar binnen, elk café heeft live
muziek en dat loopt van schurende Franse zangers die het
onderste uit je hart halen tot vlammende bandoneonisten
en erotiserende fado-zangers.
Assen wordt een magneet. Geen c&a, Blokker, v&d, Bart
Smit en veilige herenmodezaak Ten Oever meer, maar
zinderende boetieks met heel gewaagde creaties. De
Drentse vrouw wordt trendsetter en als je zegt dat je uit
Assen komt groeit het respect. Michael van Praag overweegt met zijn Ajax te verhuizen. De club wil meer in-
ternationale uitstraling. Assen is los, swingt, heeft een

concertgebouw met een eigen orkest, een viertal musea voor Beeldende Kunst en ga zo maar door...

Toch denk ik dat Willem het niet gemakkelijk zal krijgen om zijn Assen om te toveren tot een swingende smeltkroes van kunsten en culturen.

Afgelopen woensdag schreeuwde ik mijn programma in schouwburg De Kolk en halverwege de eerste helft stond een jongeman op de eerste rij op en verliet de zaal. Vier minuten later kwam hij terug en voordat ik iets over hem kon zeggen, zei hij op zijn Norgs: 'Kmosteffepisse' en ging weer zitten. En volgens mij is dat Assen. Willem, sterkte en succes.

WEDDEN?

Afgelopen week heb ik zo genoten van die Limburgse croupier die de gokverslaafden waarschuwde en hen weer op het rechte pad wilde brengen. Wat een schat! En dat in het Limburg waar een corrupte wethouder het klaarspeelt om via voorkeurstemmen weer in de raad van het dorpje Landgraaf te komen. Beter kan je een mentaliteit niet weergeven.

Heerlijke provincie. Voor de cabaretiers onder ons is het wekelijks smullen. De wegenbouwers vallen over elkaar heen met reisjes, Mercedessen en bordeelweekendjes voor de hoge ambtenaren, burgemeester Vossen van Gulpen werd op een ochtend wakker en in één nacht had een katholieke fee een droomhuis neergezet, zelf heb ik de burgemeester van Nederweert nog eens op heterdaad mogen betrappen op een snoepreisje naar de WK voetbal in Italië op kosten van (alweer!) een wegenbouwer, dan hebben we nog het omkopingsschandaal bij de voetbalclub MVV, de bedrijven die de verkiezingskas van het CDA hebben gespekt, burgemeester Riem van Brunssum die nog veroordeeld moet worden en nu weer een Maastrichts zaakje met ambtenaren.

Laatst hingen er affiches door het hele land met de tekst: 'Help Limburg. Het is een ramp.' Glimlachend reed ik er langs. Eerlijk gezegd had ik best wat geld aan de ondergelopen provincie willen geven, maar ik was zo bang dat het weer in de zak van de een of andere plaatselijke coryfee zou verdwijnen en dat die het weer zou doorsluizen naar een louche aannemer, die weer zou zorgen dat er tien procent op de rekening van de dochter van wethouder Hekking zou komen.

De grootste Limburgshock krijg ik zelf altijd in Weert, waar een schitterende oude Munt totaal is ingepakt door een foeilelijk winkelcentrum. Dus het betonnen winkelparadijs is tegen de middeleeuwse muur van de Munt aangebouwd en hier hebben een gemeentebestuur, een schoonheidscommissie en honderd andere gemeentelijke en provinciale haspels toestemming voor gegeven.

Dat kan toch eigenlijk niet onbetaald zijn gebeurd? Hier moet de projectontwikkelaar een grijs kasje voor hebben aangesproken. Anders kan het echt niet. Ik zal het nooit kunnen bewijzen, maar ik weet het zeker. Elk jaar als ik het stadje binnenrijd en ik zie de absurde situatie die de plaatselijke bevolking waarschijnlijk al niet eens meer opvalt, gaat alles in me tekeer. Als dit een democratisch besluit is geweest, dan was de totale bevolking op dat moment zwakzinnig, dronken en stekeblind.

Ik speel graag in Limburg, mijn corruptiegrappen over sjoemelende politici gaan er bij het publiek telkens weer in als een Elske, na afloop komt de wethouder of burgemeester vertellen hoe leuk het was en daarna gaat alles weer lekker door. In het café hangt een totale cultuur van begrip voor de kleine krabbelaars als Piet van Zeil.

'Wie het dichtst bij het vuur zit warmt zich het best en bij jullie in het westen is het heus niet minder,' opperen ze altijd manmoedig. En in deze provincie kwam de gewetensvolle croupier in geestelijke nood. Geen omroeppastor kon hem geruststellen en hij bleef de zielepoten proberen van de roulettetafel af te lullen. Sterker nog: hij kwam als een heuse kapelaan bij de gokverslaafden op huisbezoek en begon alle nadelen van het verderfelijke gokken op te noemen. Heerlijke man. Hij had alleen niet door dat hij bij de grootste witwasserij van Limburg werkte. Witwasserij Valkenburg voor al uw steekpenningen.

De directie van het Casino vond de goedheid en vooral de domheid van de man te ver gaan en heeft hem ontslagen. Hij werd op die manier te duur. De aardige croupier krijgt een smartegeldje en moet wegwezen.

Een beetje snap ik het wel. Stel dat er bij Van der Valk een ober zou werken die constant tegen de klanten zegt dat de appelmoes zuur, de aardappels glazig, het vlees te draadjes en de pudding ranzig is. Dan wordt hij ontslagen, omdat dat Gerrit en zijn familie schaadt. Maar dat wil nog niet zeggen dat de kelner ongelijk heeft. Integendeel.

Zullen die Van der Valkjes ook Limlanders zijn?

Gezien hun gedrag denk ik van wel.

Zullen we wedden?

Oh nee, dat mag niet.

BOEKENBAL

Zelfs Jack Spijkerman is door een aantal journalisten opgemerkt, de zoon van Marjan Berk mocht voor *Het Parool* met zijn moeder op de foto, Jan Timman zag ik lopen, Jan Mulder, Jan Kuitenbrouwer, Max Pam, Louis Ferron, Rogi Wieg die afgelopen maandag met het Tros-spelletje Triviant mijn uitgever Thomas Rap verpulverde, Jules Deelder, Harry uiteraard, A.F.Th. natuurlijk ook, Ivo de Wijs, Jaap Scholten, Nelleke Noordervliet, Elly de Waard, Anja Meulenbelt, Conny, Ischa, Adriaan, Joost Zwagerman en ga zo maar door. Henk Spaan, Mischa de Vreede, Frènk der Nederlanden, Marion Bloem, Tim Krabbé, Giphart, Diana Ozon, Harm en Gertie, August en Elise, Hella, gastvrouw Cox Habbema natuurlijk, Thomése, Philip Freriks, Gualtherie van Weezel, Joop Visser, Lenette van Dongen, Mai Spijkers, Michaël Zeeman, Rawie, meneer en mevrouw Vinkenoog, de heer B. Chabot, Gerrit Kouwenaar, Karin Spaink, Yvonne Kroonenberg, Frits Müller, Ernst Bakker, Willem Nijholt, Hans Ree, Adelheid, Remco, Paul Haenen, Bas Heijne, Marga van Praag, Boudewijn Büch, Jan Kal, Hugo Brandt Corstius, Vic van de Reijt en ga zo maar door. Erik van Muiswinkel, Boudewijn de Groot, Robert Vernooij, Jan Eilander, Mijke de Jong, Hanneke Groenteman, Geerten Meijsing, Herman Koch, Joop Braakhekke, Jan Meng, Rob Schouten en wie was er niet? Ik? Ik niet? Ik was er wel. Of ik er was. Na een diepe buiging in de schouwburg van Kampen ben ik naar Amsterdam gescheurd, heb mijn chauffeur beloofd dat ik de boete zou betalen en met een kilometertje of honderdnogwat zoefden we door de polder. Tien voor half een arriveerde ik en had er alle begrip voor dat de cameraploegen al naar binnen waren, maar vond dat wel jammer. Eerst heb ik geprobeerd om met Ivo, die voor mij nog eens een liedje heeft geschreven, in contact te komen, maar of hij danste met zijn eigen vrouw of hij praatte met Jan Kal of hij dronk met Rawie of hij... Wat ik ook probeerde: hij zag me niet of hij wilde me niet zien.

Toen ik iets te lang in de buurt van Deelder bivakkeerde kreeg ik een Rotterdams 'pleurt op' naar mijn hoofd en ook Hugo B.C., met wie ik vorig jaar nog even heb gesproken, keurde mij geen blik waardig.

Philip Freriks ken ik ook een beetje, maar toen hij voor de vierde keer zei: 'Ik kom zo', geloofde ik hem niet meer.

De meneer van de *Nieuwe Revu* die een foto van Jan Mulder en Remco Campert – terwijl ik net met hen stond te praten – wilde maken vroeg me of ik even een stapje opzij wilde doen. Daarna heb ik nog even met Henk Spaan gekout, een en ander bijgelegd, maar niemand zag ons. Vier mensen met wie ik volgens de oude boekenbalgewoonte over mijzelf begon vroegen me wie ik was en wat ik deed en of ik er een beetje van kon leven. A.F.Th. heb ik ooit nog eens een lift gegeven, maar ook hij was drukker met anderen en het leek of hij mij steeds ontliep.

Ik had wel alle kans om uitgebreid met Jan Kuitenbrouwer te babbelen, maar dat wou ik weer niet. Ik moet een beetje aan mijn image denken.

Er waren ook wel boekhandelaren met een hoog Brunagehalte die met mij wilden converseren, maar dat trekt geen camera's.

In de NOS-kantine heb ik Kees van Kooten wel eens ge-

sproken en ik vond dat wel een goede opener van een gesprek. Ik probeerde tegen Remco: 'Is Kees er niet?' in de
hoop dat hij zou zeggen: 'Ken jij die dan?'

Maar Remco zei niks terug. Hij schudde 'nee'. Meer
niet. In de buurt van de tap heb ik heel lang en vaak ge-
staan, maar steeds als ik er stond leek het wel of er niemand dorst had.

Toen ik om half drie over de Weteringschans naar huis
slenterde neuriede ik een onbekend stukje Brahms. Mijn
vrouw vroeg of het leuk was.

'Vreselijk gelachen,' kuste ik haar welterusten.

Woensdagochtend aan de leestafel van Keyzer sloeg ik
haastig de kranten op en zag ik tot mijn verbijstering dat
ik niet één keer genoemd werd en al die anderen waren
wél gezien.

'Vriendjespolitiek is het, culturele incest, een stelletje
subsidieluizen met hun poezie-albums en hun drankpro-
bleem,' foeterde ik tegen mijn vrouw en net als alle andere jaren sprak ik fermer dan ferm:

'Een ding weet ik wel. Volgend jaar ga ik niet meer.'

LEEUWEN

Afgelopen woensdagmiddag viel ik al zappend in een televisieprogramma over Bekende Nederlanders en het goede doel. Helpt het als een populaire landgenoot zijn vertrouwde gezicht en mooie woorden aan een goed doel leent? Er waren wat voorzitters van diverse stichtingen, fondsen, rode, gele en andere kruizen die dat beaamden en er waren wat Bekende Nederlanders die vertelden waarom ze aan sommige doelen meewerkten.

Ik moest denken aan een vrolijk akkefietje met een meneer van de Lions (een soort middenstandsrotary) uit een middelgrote Nederlandse provincieplaats, die jaren geleden contact met mij zocht om te vragen of ik in de plaatselijke schouwburg een gratis voorstelling wilde geven. De opbrengst zou naar een huis voor geestelijk gehandicapte kinderen gaan. Natuurlijk wilde ik dat. De man rekende uit dat bij een verhoging van de toegangsprijzen tot bijvoorbeeld vijfendertig gulden er een kleine dertigduizend gulden zou binnenstromen. De schouwburg, de publiciteit en alles eromheen zouden gratis zijn of gesponsord worden. Ik vond het een nogal karig bedrag en stelde de man het volgende voor:

Normaal betaalt men voor een toegangskaartje voor mijn programma tussen de twintig en de dertig gulden en nu is dat een tientje meer. Mijn kantoor, mijn technici en ikzelf werken een avond voor niks en doen dat graag, maar ik heb een veel beter idee. Normaal geef ik een kleine tweehonderd voorstellingen per jaar en als ik een gratis voorstelling geef doneren mijn medewerkers en ik een tweehonderdste deel van ons bruto jaarinkomen aan het goede doel. Nogmaals: dat doen wij graag!

U krijgt voor slechts een tientje meer een avondje Youp van 't Hek en dat klopt volgens mij niet. Laten we het anders doen:

Ik treed gratis op, dus ook geen reis- en verblijfkosten, u komt kijken en betaalt als toegang een tweehonderdste deel van uw bruto jaarinkomen. U geeft dan hetzelfde bedrag als u aan mij en mijn mensen vraagt. En wat gebeurt er dan? Dan halen we in een avond een paar ton op voor die kinderen die dat zo goed kunnen gebruiken. Het goede doel heeft een even warme plek in uw hart als in het mijne, dus wat let ons? Ik denk dat alle Lions zullen brullen van enthousiasme. Wat is nou een half procent van je jaarsalaris?

Toen was het heel lang stil aan de andere kant van de telefoon. De Lion was medisch specialist en volgens mij goed voor een paar ton. Laten we zeggen drie. Hij zou dus voor vijftienhonderd gulden een avondje in de schouwburg hebben gezeten en zijn secretaresse, die hij al jaren beloont met veertigduizend gulden, zou tweehonderd piek naar de gehandicapten hebben gebracht.

De goede man legde mij uit dat ik het niet helemaal goed begrepen had, maar ik herhaalde bovenstaande redenering op kalme toon en vatte samen: Ik vraag aan u hetzelfde als u aan mij vraagt. Ik geef het graag. En u?

U begrijpt al dat Johnny Lion en ik niet tot zaken kwamen omdat hij mijn voorstel ridicuul vond. Ik vind het nog steeds leuk en verschrikkelijk redelijk. Het leek me zo'n aardige doorbraak in de grote hausse van Rode Kruisballetjes, Ronde Tafelbijeenkomstjes, Rotaryfeestjes en ander zogenaamd charitatief gereutel.

Het komt er steeds op neer dat de smokings voor een tientje of vijf een leuke avond hebben en dat ze zich na

afloop op de borst slaan dat de opbrengst naar een of ander goed doel is gegaan, terwijl de artiest en de schouwburg in feite hebben gegeven. Het is goed doen met andermans geld. Ik vraag me af hoeveel laaiend enthousiaste
Rotarians, Lions, Ronde Tafelaars en andere provinciale
serviceclubs hun komende bestuursvergadering aan deze
column zullen besteden en hoe vaak de telefoon bij mij
zal rinkelen. De PTT is bij dezen gewaarschuwd. Ik vrees
dat de Hilversumse telefooncentrale roodgloeiend door-
brandt. De Lions willen toch niet in hun hempje staan?

IRT

Je moet nooit kijken naar een voetbalwedstrijd waar je de uitslag al van kent. Daar word je namelijk verschrikkelijk impotent van. Zeker als de wedstrijd niet op je video staat, maar op bijvoorbeeld Eurosport wordt uitgezonden. Anders kan je nog doorspoelen naar schitterende doelpunten of bloedstollende momenten. Nu is het dodelijk saai.

Ik had dit gevoel bij het volgen van het IRT-debat in de Tweede Kamer. De Christelijken hadden van tevoren al verklaard dat Van Thijn zou vallen als de PvdA Hirsch pootje zou lichten. Dus je wist met welke sisser het af zou lopen. Iedereen mocht volgens de democratie even wat roepen, maar de uitslag was allang bekend en je wist dat er uit geen enkele corner gescoord zou worden. Ik ben bang dat ze het in Den Haag nog behoorlijk spannend hebben gevonden. Lubbers was helemaal van vakantie teruggekomen. Donder toch op met zijn allen.

Als het CDA en de PvdA bij de komende verkiezingen nog dieper zinken dan op dit moment voorspeld wordt, gaat bij ons thuis de vlag uit. Oprotten, wegwezen en nooit meer terugkomen. Uit naam van de democratie!

Toen ik Wöltgens met zijn Limburgse baard zag knikken dacht ik alleen maar: ga naar Brunssum, Landgraaf, Thorn, Gulpen en MVV waar jullie gewend zijn dit soort spelletjes te spelen. Waarom begrijpt niemand in de Tweede Kamer dat wij kiezers enigszins serieus genomen willen worden? Het komt toch nooit meer goed. Zo'n Dijkstal kan zich na zijn optreden in Hennie Huismans Playbackshow toch niet meer vertonen? Na dit optreden, dat ver onder het niveau van de eerste de beste grote avond van de LOM-school lag, neemt toch niemand deze zielepoot nog serieus. Wat die man ook zegt, het werkt op je diepste gevoelens van medelijden. Je zal mevrouw Dijkstal zijn en met die man over straat moeten. Je zal dochter of zoon Dijkstal zijn en op school moeten uitleggen dat dat je vader was die Koot en Bie nadeed. Mischien wel omdat Koot en Bie hem nog nooit nagedaan hebben en ook nooit na zullen doen.

Nordholt liep mij vorig jaar in Amsterdam in travestie coke aan te bieden (ik herkende hem aan een medaille op zijn legging), ondertussen werd hij geschaduwd door Wiarda die op zijn beurt weer in de gaten werd gehouden door Vrakking en Van Randwijck, terwijl allerlei vazallen van de heren smerissen bij elkaar thuis aan het inbreken waren om te kijken of ze misschien verdachte pakjes onder het logeerbed hadden liggen. Op het moment dat een agent op het punt stond de grootste criminele organisatie aller tijden op te rollen en de achtervolging in wilde zetten hadden de collega's van Parkeerbeheer net een wielklem op zijn dienst-Kadett gezet. Miami Vice in Zaanstad. Starsky en Hutch in Roelofarendsveen. Elk kruisbeeld dat uit Colombia geïmporteerd wordt heeft een holle Jezus met een kilo onversneden coke in zijn bast, in de Amsterdamse discotheken trek je het spul uit de zeepautomaat van het herentoilet en zit de dealer met het schoteltje bij de deur, iedere buitenlandse auto wordt vanaf Hazeldonk tot aan de Van Brienenoordbrug de berm in gesneden en onderhand jagen Grijpstra en De Gier op elkaar.

Wie waren daarvoor verantwoordelijk? De ministers en de burgemeesters. De grootste pindakaaspottenvuller weet dat het zo werkt in de democratie en wat doe je dan als je zo hebt zitten pitten of te druk was met je boek of met het opvijzelen van het tolerante en allochtone karakter van je stad Amsterdam? Dan trek je ouderwets je consequenties en stap je op. Net als de heer Hirsch Ballin die zo nat articuleert dat mijn kinderen even niet mogen kijken als hij op de buis is. En als je dat niet doet omdat er verkiezingen aankomen en je om je eigen baan en hypotheek en status en weet ik veel wat blijft zitten waar je zit, moet je niet vreemd opkijken als de kiezer je er een keer hoogstpersoonlijk uitflikkert. En als je stemmen dan naar Janmaat zijn gegaan moet je niet gaan janken over onbegrip, intolerantie, opkomend racisme en ander gereutel.

KAPPER

Ik kapper nogal onregelmatig. Ik ga altijd in een opwelling. In een seconde vind ik dat het genoeg is geweest en stap onmiddellijk de eerste de beste kapperszaak binnen met het verzoek mij te knippen en wel zo dat je niet ziet dat ik naar de kapper ben geweest. Soms is dat bij mij om de hoek, maar meestal gebeurt het op tournee. Middelburg dus of Hengelo of Groningen of diep in Maastricht. Ik wens zo min mogelijk gewas, geföhn en gedoe aan mijn kalende koppie en word erg nerveus van de coiffeur met een espressomachine in zijn zaak. Ik wil gewoon geknipt en verder geen gefrunnik. Donderdag liep ik in Antwerpen en vond het weer welletjes. Niet ver van het station stapte ik een kleine, lege kapperszaak binnen en daar verklaarde de eigenaar met de armen over elkaar dat het stampend druk was en dat ik pas om half zeven aan de beurt was. Aan de overkant had ik meer kans.

Zacht mompelend stak ik over, liep de winkel binnen en stond oog in oog met een fascinerende knipnicht. De man had een coupe Kees Jansma, maar dan vrijwillig. Kaalgeschoren dus. En op deze biljartbal pronkte een Jacques d'Ancona-bril, maar dan wel een van zijn extravagante paasmodellen. Ik wist al dat dit niet helemaal mijn zaak was, maar helaas hadden ze alle tijd. Ik werd mee naar achteren genomen en stond voor ik het wist in een belachelijk zwart schort dat strak om mijn nek gekneld werd. Ik werd met een uiterst gladde *smile* begeleid naar het shampoohoekje en hing al gauw met mijn hoofd in een koude, porseleinen wasbak. Toen gebeurde er enige tijd niks. Links van me zat een jongen van een jaar of 25 en zijn hoofd was verpakt in van dat doorzichtige huishoudfolie. Om hem heen draaiden allerlei enge lampen en ik begreep dat dit een turbo-droogkap was. Rechts van me werd een dame behandeld. Pluk voor pluk werd haar haar door een jonge mannelijke hinde gekwast en in aluminiumfolie verpakt. Ze leek al gauw op een moderne kerstboom uit de etalage van De Bijenkorf.

Ik moest en zou hier zo snel mogelijk weg, probeerde boven de knoeperharde housemuziek uit te denken, maar net toen ik op wilde staan kwam er door een gordijn een gladjakker in een hups matrozenpakje en in zijn hand hield hij de onvermijdelijke espresso. Ik werd in het sop gezet en gemasseerd door de matroos. Zowel mijn linker- als mijn rechteroorlelletje werd vakkundig onder zijn zachte handen genomen en ook mijn nek werd wulps gemasseerd en gesopt. Het zweet spoot met liters in mijn schoenen. Als ik opzij keek lachte de zojuist geverfde man naar me en via de spiegel zag ik allerlei types achter mij door een mysterieuze deur verdwijnen. Ik vermoedde dat daar iedereen met zijn schaamhaar in de krullers lag of antroposofisch werd gemanicuurd. Straks word ik verdoofd of bedwelmd en morgenochtend word ik daar omgebouwd wakker, fantaseerde ik angstig. De matroos bewerkte mij ondertussen op een manier alsof hij mij smeekte onze jarenlange relatie niet te beëindigen en het nog een keer met hem te proberen. Twee dames met een hoog Brasschaatgehalte kakelden over de nieuwe *Paris Match*, de mevrouw naast me ging nog steeds plukje voor plukje in het zilverpapier en bij mijn geschilderde kameraad liep een zwarte druppel in zijn nek, die mij erg aan het ontroerende slot van 'Dood in Venetië' deed denken.

Voor ik het goed en wel in de gaten had was de was-sessie voorbij en mocht ik in de knipperette plaatsnemen. De matroos – zeg maar Dave -deed me een rubber, erg design matje om mijn nek en danste vervolgens om me heen als een jeugdige Michelangelo, die elk moment een verrassingsbezoek van de paus kan verwachten. Tijdens mijn geknip en getondeus flitsten er allerlei krantekoppen voor mijn ogen. Servië, Rwanda, Somalië, Hebron en ik zat ondertussen in een soort gekkengalerij voor een ongetwijfeld gigantisch bedrag mijn haar in te leveren. Wat is er toch met ons allemaal gebeurd dat wij dit normaal zijn gaan vinden? Waarom komt er niet een debielenbusje met een paar stevige verplegers het zootje inrekenen en in een dwangbuis afvoeren? Het gehuppel heeft nog een half uur geduurd, ik heb me nog een tweede espresso door mijn keel laten gieten, Dave vertelde dat hij nog hele spannende dingen met mijn hoofd kon doen en dampend van de zenuwen stond ik even later buiten. Toen ik 's avonds aan iemand lacherig over mijn avonturen vertelde, bleef diegene bloedserieus, vroeg hoe de zaak heette en zei toen: 'Ja, maar dat is ook een hele goeie'.

GRACHTENGORDELLOL

Afgelopen week mocht ik Purmerend en Den Helder amuseren en in de laatste stad werd ik niet echt vrolijker. Het meisje van het Indiase restaurant was donderdag al nerveus omdat ze gisteravond moest majoretten tijdens de jaarlijkse Taptoe op het Prins Bernhardplein. Dat doet ze met de Helderse vereniging Turnlust. Kent u het Prins Bernhardplein in Den Helder? Nee? Hou dat zo! Als je daar namelijk je auto parkeert komt al het suïcidale in je naar boven. Je staat in de schaduw van een afschrikwekkende vsb-bank, een deprimerende McDonald's en een schouwburg waar de cultuur nou niet onmiddellijk vanaf spat. Vanaf dit waaierige plein kan je het gezellig overdekte winkelcentrum in en daar zie je lobbige echtparen van een jaar of dertig lopen en die kijken met zo'n blik van: nog veertig jaar en dan mogen we dood! Je ziet ze met hun dooie-visseogen een Prenatalzaak binnengaan en je realiseert je dat ze het met elkaar hebben gedaan en dat er binnenkort een kleintje komt. Laten we gokken op een zoon die over zestien jaar met een matje in zijn nek op koopavond tegenover de snackbar probeert een meisje te versieren. Het meisje heeft een zak patat met oranje mayo omdat het bijna koninginnedag is en ze is nerveus omdat ze met Turnlust haar dikke dijen moet bewegen tijdens de jaarlijkse Taptoe op het Prins Bernhardplein. Ik hoop voor u dat u dat plein dan nog steeds niet kent.

Koninginnedag. In mijn herinnering kreeg ik van mijn moeder een balletje aan een elastiekje, een bamboe Charlie Chaplinwandelstokje en poffertjes bij Van der Steen op het Bussumse Haventerrein of (en dat was echt feest) in Laren!

Nu is iedereen gek geworden. Vier dagen voor koninginnedag was half Amsterdam al met plakband in partjes verdeeld omdat iedereen een zo goed mogelijke plek wilde om zijn salmonellabroodjes te verkopen. Gisteravond stond de hele provincie al aan het lauwe, schuimloze bier in plastic bekertjes en hing er een gore shoarmageur door de stad. Alle Amsterdammers zijn gevlucht naar familie in de provincie en de grachtengordel is ingepikt door boeren die al vanaf februari nerveus zijn over deze dag. Vooral de oranje nylon pruiken en de rood-wit-blauw gevlagde wangetjes doen het goed bij de Brabo's, Limbo's, Twento's en andere provincio's. Ook valt het hoge corpsballengehalte op. Zoontjes die met de tjalk van papa door de grachten komen varen. Nog erger zijn de disputen die vanochtend om elf uur op een platbodem zijn gaan staan en 's middags voor de veertiende keer langs mijn huis komen. Sommigen zijn dan helemaal door het dolle en staan in hun blazer met daaronder een oranje boxershort. Corpsbal die lollig wordt staat namelijk of in bermuda of in boxershort en daar teren ze later als chirurg in Winschoten nog tot hun zestigste op. 'In mijn studententijd stond ik met wat vrindjes op een schuit te brallen.'

Het ooit voor de kleintjes bedoelde feest, de vrijmarkt waarop de kinderen hun eerste handeltjes mochten drijven, op een viool mochten krassen of hun buurmeisje mochten schminken is ingepikt door decibellende bandjes, groezelige Turkenbusjes met kebab waarin de maden het Wilhelmus zingen en vooral door kooplui met *echte* handel. Het leuke vind ik ieder jaar wel dat dat meestal hele treurige echtparen zijn die gelukkig met hun rommel blijven zitten en aan het eind alles weer sip in hun busje moeten laden. Het is trouwens überhaupt wel leuk om te zien hoe de koninginnedag op een gegeven moment doodbloedt. Bekaf huilen de dames en heren hun spullen in de auto's en een beetje droef verlaten ze weer voor een jaar de stad. Maar misschien vergis ik me wel en zijn ze helemaal niet droef.

Misschien hebben ze de eerste twintig jaar van hun leven mee moeten doen aan de Taptoe op het Prins Bern-hardplein in Den Helder en daarna valt echt alles mee.

KOERIER

Als er een envelop van het ene reclamebureau naar het andere moet of als een fotograaf een spoeddia moet afleveren bij een lithograaf dan belt hij een koerier. Dat is een man met als enige opleiding een rijbewijs en hij garandeert dat de envelop of dia binnen de meest onmogelijke tijd op de plaats van bestemming komt. Dat houdt in dat er een heel snel Renaultje over de gracht scheurt en midden op het wegdek parkeert. Uit het turbo gespoten autootje komt een man (meestal met een staartje), gaat naar binnen bij de desbetreffende studio, blijft minstens twee koppen koffie hangen en heeft daarmee zoveel tijd verloren dat hij op zijn achterwielen wegsteigert om op tijd bij de klant te zijn. Uit de auto komt een hoop mobilofoongepiep en het klinkt allemaal op een toon alsof er uitsluitend donornieren worden vervoerd en dat het leven van de wachtende patiënt aan een zijden draadje hangt. Voor hij van de gracht wegstuift heeft hij nog even het middelvingertje opgestoken naar de geïrriteerde file achter hem. Daarna neemt hij trambanen, stoepranden, kinderspeelplaatsen, plantsoentjes, rode stoplichten en als er een file op het Damrak staat rijdt hij gewoon over de benedenverdieping van De Bijenkorf.

Nu heb ik het over een envelop die de stad *uit* moet. Dus die wordt met een autootje vervoerd. Het wagentje schiet de Coentunnel in, rijdt tegen het plafond omdat dat sneller gaat, brult met zijn groot licht iedereen van de linkerbaan, snijdt alles wat langzamer dan honderdvijftig rijdt de vangrail in, springt bij een afslag van het talud af, giert zich over een industrieterrein en stopt piepend voor de desk van de Randstad Uitzendtrut van een of andere drukkerij en is zo onder de indruk van haar hoge Veronica-gehalte dat hij veel te lang koffie bij haar lebbert. Daardoor komt hij in tijdnood en met bloedspoed giert hij terug naar de stad.

Als de envelop binnen de stad bezorgd moet worden gaat hij per brommer. Dan komt er een gozer die zijn acné verstopt heeft onder zijn integraalhelm en die heeft een weddenschap met een chauffeur van een van de autootjes dat hij het op zijn brommer sneller kan. En dat lukt ook wel. De brommer rijdt uitsluitend over de stoep, brult bejaarden portieken in, vloekt, schreeuwt, rijdt af en toe op de bovenleiding van de tram, springt regelmatig via twee woonboten over de Prinsengracht, veegt de kleine steegjes tussen de grachten mensenvrij en wint de weddenschap met glans.

Afgelopen woensdag verliet ik met mijn kinderen de sigarenwinkel op de hoek en kon nog net op tijd mijn zoon voor zo'n koerier wegtrekken. De op de stoep rijdende helm raakte uit balans en kwam half ten val. Hij liet de brommer met draaiende motor liggen, deed zijn helm af en vroeg op zwaar Amsterdamse toon of ik godverdegodver geen ogen achter die iets te kleine teringtelevisiebril had en of-ie ze anders effe open moest rammen. Ik deed een voorzichtige poging om de puber te melden dat ik op de stoep liep en eigenlijk nog in het halletje van de sigarenwinkel stond en dat...

Zinloos. Ik kon kiezen tussen excuses of een ongelofelijke peut tussen mijn ogen. Ik koos voor het laatste en daar was pukkelkoning weer te slap voor. Hij bleef zo lang schelden dat ik me op een gegeven moment afvroeg waarom hij net zo'n haast had en ik vertelde de F-sider dat, als hij zo door zou schreeuwen, zo laat zou zijn dat het zeker twee mensenlevens ging kosten. Het incident eindigde met een boel herrie, ordinair geroep en met een 'de volgende keer maak ik je helemaal dood' nam hij afscheid van mij en mijn kroost.

Dit stukje is een schreeuw van een binnenstadbewoner en bestemd voor alle reclamebureaus, grafisch ontwerpers, stilistes, fotografen, advertentie-afdelingen en ander volk dat zich in deze branche ophoudt. Vertel aan de dombo die voor koerier speelt dat een advertentie minder waard is dan een kinderleven en dat het niet erg is als we een dag zonder Omo Powercommercial of maandverband-met-vleugeltjesadvertentie leven. Sterker nog: het is aangenamer zonder dat stompzinnige gelul.

En vertel ook even dat een kinderhoofdje een type straatklinker is en dat hij dat niet letterlijk moet nemen. Maar mocht binnenkort toch mijn zoon van drie worden geschept door het gajes van de pakketjesmafia dan bel ik geen ambulance, maar een koerier. Misschien redt hij het dan nog.

SNIK

Bij Joure mag je kiezen. Of via de Afsluitdijk of door de polder. Ik kom uit Sneek, heb een voorstelling gegeven in de plaatselijke bioscoop, die ook wel eens voor schouwburg speelt en wil naar huis of naar het café of naar een goedkoop bordeel of naar een derdehands goktent...

Een beetje koorts, een flard keelpijn en de krant blijft niet lang in mijn handen. Katja stuurt mij solide door de nacht. 'Bijbeunen' noemt ze dit. Mooie term voor een studentenbaantje. Het huilen staat mij nader dan het lachen en heel soms wankel ik in slaap. Weemoedigheid, die niemand kan verklaren, en die des avonds komt, wanneer men slapen gaat. Elsschot glimlacht en knikt dat het goed is. Laat ik vertellen wat mij zo depressief stemt. Ik ben al een aantal jaren op tournee, ken het klappen van de zweep, weet dat in het zicht van de haven de wind vaak gaat liggen en dat de laatste weken van de tour meestal niet het opgewektst zijn, maar dat is het niet.

Er is vanavond iets verschrikkelijks gebeurd. In Sneek. In de plaatselijke Stopera. Wat had de theaterdirecteur namelijk bedacht? Iets leuks! En wat dan wel? Ik zal het proberen uit te leggen, maar ik ben bang dat het me niet lukt. In Sneek was ik de afsluiter van het seizoen en dan doet men altijd iets 'geks'. En wat had men nu bedacht? Het horecapersoneel van het theater was verkleed als clown. Een plaatselijke grimeur had de uiterst Friese obers en serveersters op een nogal oubollige manier beschilderd en iedereen liep er bij als een pierrot-achtige clown. Maar dan zo eentje die je bij Blokker in de etalage ziet staan of op een foto in Voetbal International. Daarin staan regelmatig John van Loen-achtige spitsen uit de eerste divisie en die hebben zich thuis laten fotograferen. Dan zie je zo'n jongen met een droeve blik in een smulinterieur. Hij woont in de smaak van zijn schoonouders en daar staat of hangt altijd wel een Blokkerclowntje.

Duitse clowns waren dit, Oude Pekela stormde door mijn hoofd en Joop van den Ende. Als ze daar een clownsballet in een Brandstederquiz bedenken zie je dat soort treurigheid met van die feestartikelenwinkelpakjes aan. Toen ik de eerste clown in de gang bij mijn kleedkamer tegenkwam begon hij te lachen met zo'n blik van 'goeie grap hè?' Ik dacht te maken te hebben met een koorlid van een plaatselijk operettegezelschap of iemand van de afdeling kredietbewaking van de lokale RABO die de chef op passende wijze de VUT in gingen zingen in de kleine zaal, maar in Sneek is helemaal geen kleine zaal. Er is maar één zaal en daar stond ik.

Al gauw werd me duidelijk dat het om de smaak en de humor van de directeur ging.

Een wat grote, opgeschoten ober was zo toegetakeld dat ik zijn blozen niet kon zien, hij murmelde met een prachtig Fries accent: 'Het moet van de baas' en verdween in de op de voorstelling wachtende meute. Je moet toch wel een heel hoge hypotheek hebben wil je zo voor lul gaan lopen, dacht ik, en hees mij timide in mijn kleren. Gelukkig heb ik een slim publiek dat onmiddellijk begreep dat dit geen verzinsel van de dienstdoende cabaretier was en op het toneel kon ik er een cynisch kwartiertje aan besteden, maar onderweg naar huis werd ik overvallen door een totale lamlendigheid en droefenis. Ik ben nu een jaar of tien op kruistocht tegen alles wat de ranzig burgerlijke smaak heeft van Buckler, Walibi, steengrillen, lamellen, Van der Valk, V&D of Centerparcs en de theaterdirecteur in Sneek verzint als gezellig toefje op de voorstellingstaart dat het personeel erbij moet lopen als clown. En dan ook nog met een zeer hoog NCRV-gehalte. Dat maakt me stuk, leeg, impotent en er komt nooit meer een duidelijker moment van besef dat al mijn gelul van de afgelopen jaren volslagen zinloos is geweest dan jongstleden donderdag in Sneek.

Bij Joure mag je kiezen. Of via de Afsluitdijk of door de polder. Het werd allebei.

KRASGRUIS

Nieuw woord geleerd: krasgruis. Lekker woord. Wordt bij ons op het scrabblebord al goed gerekend. Heel Nederland loopt te krassen, krassen, krassen en het valt mij op dat bij mijn sigarenzaak op de hoek iedereen zijn vijf gulden kraswinst onmiddellijk omzet in twee nieuwe loten. En daar winnen ze dan niks op. Kortom: massaal stinken we weer in een overheidsspelletje en kraskeizer Lotto loopt gierend binnen.

Deze gokbaas heeft ondertussen bekendgemaakt dat al een paar mensen vijfenzeventigduizend gulden hebben gewonnen. Dit zegt hij om de moed er bij de krassende knarren in te houden.

Gelukkig heb ik ook alweer de eerste ingezonden brief van een groene krasser gelezen en die had uitgerekend hoeveel kilo krasgruis er jaarlijks in het milieu verdwijnt. Hij stelde een krasbak voor.

Natuurlijk zijn er ook alweer gokpeuten die waarschuwen dat het krassen verslaaft, fysio's die vertellen hoe je het beste kan krassen ('van je af') om blessures te voorkomen en de woordvoerder van de Lotto die vertelt dat het 'vaak raak voor je knaak' is. Volgens mij heb je meestal 'niks voor je riks'.

Het is een klein stormpje in de grote verveling die welvaart heet en ik ben zo blij met het vrije westen waar het allemaal voor de wind gaat. Wij hoeven ons niet bezig te houden met *to be or not to be*. Bij ons gaat het om heel ander geluk.

Zo krijgen we van 15 tot 26 juni een 'homosail' in Amsterdam, las ik in *Het Parool*. Dus alle gays kunnen in de lesboot en ik denk dat we heel wat spannende matroosjes in leren tuigjes met aangepiercete roeiriempjes door de grachten kunnen zien peddelen. In Zuid-Afrika hebben ze de apartheid net afgeschaft en hier beginnen de seksuele negers allerlei feestjes voor zichzelf te organiseren en daar mogen wij hetero's niet bij zijn. Vreemd. Maar ik moet op mijn woorden passen want voor je het weet ben je een heteroseksuele fascist die homo's discrimineert. Ik reageer het wel anders af en ga lekker krassen, krassen, krassen.

Ik zou natuurlijk ook kunnen gaan golfen in het Golf Centre Schiphol.

Deze uitspanning biedt de reiziger gelegenheid zijn swing en put te perfectioneren, terwijl hij in afwachting is van zijn vlucht. De luxe driving range telt 5 afslagkooien met computerregistratie, printers en monitoren. Er is een putting green van drie verdiepinkjes en een tax-free shop met golfartikelen. Met de golfsimulator waant u zich op welke bestaande golfbaan ter wereld u maar wilt. In het Golf Centre kunt u uw techniek verbeteren onder de bezielende leiding van assistent teaching pro Brouwers.

Deze laatste regels heb ik niet verzonnen, maar haal ik uit een blad van een creditkaartclubje. Honderd meter verderop staat een radeloze Tutsi asiel aan te vragen wat door Aadje Kosto wordt geweigerd. We leggen de bebloede neger uit dat het geld hier op is. Hij kan opkrassen, krassen, krassen.

Ondertussen ziet hij totaal doorgedraaide zakenlui in een hoek van de vertrekhal op hun put oefenen en hij weet nog niet eens dat het hier om homogolf gaat. Gayputten.

Verderop staat een illegale Afrikaan voor een paar piek per uur met een droeve blik de vloer aan te vegen, waarbij hij een kapsterstype tegen haar vriendin hoort zeggen: 'Het was helemaal niks hoor, Benidorm. Ik ga nog effe bijbruinen voor Henk komt.' De dames vragen de wee-moedige neger de weg naar het supersonische bruinings-centre. Ze willen onder het zonnekanon en op de Tefal-bodem tegen het aanbakken. Als ze aan hem vragen wat die zwarte viezigheid is die hij opveegt, antwoordt de man in zijn beste Nederlands: 'Krasgruis!'

RUUDJES

Bij ons in de buurt zit een drietal pensions voor dak- en thuislozen en dit houdt in dat het percentage kachelende mannen met een pilsje in de hand hoog is. Wij thuis houden erg van de zuipende schreeuwerds die op de bank voor de groenteman oeverloze discussies houden. Binnen twee zinnen is iedereen het gespreksonderwerp kwijt, maar het gelul gaat op luide toon uren door. Halve liter Heineken erbij en maar zuipschuiten. Heerlijk. Persoonlijk ben ik erg gek op de oude bokser met de platte neus, die mij minstens drie keer per dag uitdaagt om te vechten en schijnboksend om mij heen draait. Ook heb ik een zwak voor de man met één arm, die zijn fles op het stompje van zijn elleboog draagt en het gerstenat op verbluffende wijze naar zijn mond brengt. Het lijkt wel circus. Hij foetert werkelijk iedereen uit voor alles wat mooi en lelijk is, komt op het meest onverwachte moment achter de haringstal vandaan en schreeuwt je bijna de gracht in. De hele buurt kent hem en geeft geen antwoord, maar je ziet nog wel eens een groepje creditcard-teven uit Emmeloord angstig uit elkaar stuiven omdat hij scheldend en stinkend voor hen springt.

Als ze om twaalf uur 's nachts niet binnen zijn gaat de deur van het pension op slot en moeten ze de nacht buiten doorbrengen. In de winter is dat koud, maar 's zomers mogen ze graag opblijven. Zuipen is leuker dan slapen. Ze zitten dan vaak bij mij aan de overkant in de schaduw van de Amstelkerk en als de wind onze kant op staat, flardt hun gesprek mijn werkkamer binnen. Hoogtepunt is dan de volledig doorgedronken zatlap die om vijf uur 's morgens meldt: 'Ik heb altijd gelijk.'

Afgelopen week vertelde de krant mij dat het afgelopen moet zijn. Er is een openbaar drinkverbod ingesteld omdat de grachtengordel te veel last heeft van de voddebalen. Ik las het woord 'opdringerig' en de term 'exhibitionistisch gedrag'. De overlast wordt de zwaar gehypotheekte yuppen te groot en met geld en goede relaties kom je een heel eind op het stadhuis. Er gaan 's nachts ook al geen vliegtuigen meer over de gordel omdat de elite daar wakker van werd. Nu suizen de jumbo's weer lekker over de Bijlmer. Illegalen durven toch niet te klagen. Interessant.

Dat er nu een drinkverbod is ingesteld vind ik persoonlijk jammer. Vooral omdat niemand last heeft van de innemers. Een beetje lawaai en ze pissen wel eens tegen je auto, maar volgens mij hoort dat bij het leven in een grote stad.

Wie zijn die drinkebroers?

De meesten waren doodnormale, doordeweekse huisvaders met een vaste baan, vrouw, huis en auto van de zaak.

Hoe word je zwerver?

Op een dag gaat het mis. Ze verliezen een geliefde aan de dood of een scheiding, ze gaan failliet na wat veel hooi op hun vork of ze wonen in een te duur huis of ze redden het ellebogengevecht binnen de zaak niet of... en dan is de stap naar het dakloze zwerven vaak kleiner dan je denkt.

En nu?

Drinkverbod of geen drinkverbod. De echte lap blijft zuipen. Over tien jaar ontwaar ik in de kluwen zuipers een veertiger met bijeengeklit rastahaar en een man van tegen de zeventig met een hele zware baard. Ik herken de twee Ruudjes. Ze hangen en zingen tegen elkaar aan. Mijn dochter is dan vijftien en vraagt of het waar is dat dat ooit twee bekende Nederlanders waren. Ik zal het moeten bevestigen. De een was een voetballer met principes op het gebied van racisme, was solidair met Mandela, maar tekende een contract met een man die heulde met de neofascisten. Hij raakte daardoor zo in de war dat hij huilend het trainingskamp van het Nederlands elftal verliet en is daarna gaan dolen.

En die ander?

Die was ooit premier, maar werd verpletterend weggehoond door de kiezers, wilde toen iets in Europa, werd uitgelachen door de echte staatsmannen, was niet rijk genoeg voor de lobby en werd verslagen door een tweederangs Belg.

Wat zingen ze?

De een zingt 'We zwaaien met zijn allen naar Milaan' en de ander 'We zwaaien met zijn allen naar Dehaene'.

Lief hè?

TATTOO

Een simpele ziel uit Zoetermeer heeft de kop van John de Wolf op zijn rug laten tatoeëren. Niet een klein Wolfje, maar een schoudervullende John en de Feyenoorder heeft persoonlijk zijn handtekening eronder gezet. Niet met de pen, maar met de naald.

Ik zag de foto van John en zijn fan voor op *Het Nieuwsblad van het Noorden* en ik moet toegeven: ik heb er lang naar gekeken. En ook over nagedacht. Roem is vergankelijk en ik ben bang dat mijn zoon van drie John niet meer bewust ziet voetballen. De Wolf is dertig geweest en over een jaar of vijf sluit hij zijn glanzende carrière af bij Dordrecht of nog erger. Daarna wordt hij 'iets in de PR' bij een of andere club of vertegenwoordiger in lawaaiblouses. Of trainer van Kozakken Boys of gewoon John, die een beetje rente trekt van zijn bij elkaar gevoetbalde kwartjes. De manen zijn grijs en gewiekt, de baard is geschoren en de snor uit de mode. John is geen Wolf meer, maar gewoon een Rotterdamse meneer in een pak.

En de simpele ziel uit Zoetermeer? Die heeft nog steeds John op zijn rug. Er zijn wat sproeten bij gekomen, er zit een wratje op John z'n lip en wat krenterige moedervlekken komen dichterbij. De man is ondertussen getrouwd met Anja van de kassa van de supermarkt waar hij werkt en zij heeft meer met de kinderen, haar ouders en de caravan dan met dat stomme voetballen van haar man. De vrolijkheidsfrequentie in bed neemt af en hij ligt steeds vaker met zijn rug naar haar toe aan Feyenoord te denken. En wie glimlacht haar toe? John. Het sekssymbool van de jaren negentig, de ultieme man voor heel voetbalminnend Zuid-Holland en haar dromen slaan op hol. John heeft haar voor op het witte paard genomen en de cowboy draaft over de grazige prairie. Ver van huis en caravan ontvoert hij haar over de bergen, begint daar met haar een nieuw leven en neemt haar gulzig en ontembaar in de schaduw van een vreemde saloon.

In een andere droom lopen ze door een tropisch regenwoud en is John de bemodderde man van de Camel-reclame. Hij helpt haar over wildstromende rivieren, ze wassen hun haar met een schuimende shampoo en vallen geheel in smetteloos wit gekleed in een peilloos diepe slaap. De volgende nacht hebben ze samen een sprankelend feest in Bombay-Hilton en dansen ze fel en verrukkelijk op de klanken van een fantastisch orkest. Zo droomt zij zich door haar huwelijk heen. Haar man ligt met zijn rug naar haar toe en zij fantaseert tot haar tachtigste met het sekssymbool uit haar jeugd. Alleen jammer dat haar man af en toe op het meest onjuiste moment een schetterende wind laat.

Dus heren, wilt u uw huwelijk seksueel veilig stellen? Tatoeëer het sekssymbool uit uw jeugd op uw rug en uw vrouw kan jaren vooruit. Gisteren vroeg ik mijn eigen vrouw op een intiem moment wie ik op mijn rug moest laten inkten?

'Kees Jansma,' sprak zij oprecht. En nu ben ik toch zo in de war.

ZWERFKAKKER

Het pand van Instituut De Boer in Arnhem, een school voor heel domme rijkeluiskindertjes, bij wie de kennis er onder een druk van 80 megabar in wordt geperst, wordt al sinds donderdagmiddag bewaakt door een particuliere beveiligingsdienst. Ingehuurd door de directie!

Waarom?

Om journalisten buiten te houden.

Waarom?

In de school hebben de leraren, ondanks doorlopende inspectie van het ministerie, zitten sjoemelen bij de examens en op die manier de domste kiddo's aan het door hun ouders afgesmeekte papiertje geholpen.

Het is zo'n school die adverteert in bladen met een hoog hockey-gehalte (*Quote, Financieel Dagblad, Elsevier,* FEM en NRC) en die in zijn annonces protst met de eindexamen-resultaten van het afgelopen jaar. Op die manier hoopt men weer een paar zwerfkakkers te strikken.

Hoe word je zwerfkakker?

Papa zit als voorzitter van de raad van bestuur van een of andere multinational de hele dag achterin bij zijn chauffeur met Japan te faxen, mama is golfen, tennissen, bridgen of punnikt voor de plaatselijke Rotary, de Filippijnse amah loopt gedienstig op haar blote voetjes door het huis en behandelt jou, de kleine Hajé (is Wassenaars voor Hendrik-Jan), alsof je de Chinese Keizer zelf bent en je geniet van een naar zijn zevende leven springende Super Mario op je Nintendo.

Dat gaat dus mis, maar dat lost Instituut De Boer graag op.

Het kost de ouders dertig ruggen per jaar – dat is in onze kringen bijna een ton bruto – maar dan kan je wel lekker blijven faxen, bridgen, golfen en tennissen. Zij houden jouw dombo wel van de straat.

Als ouwe Gooise kakker heb ik in tien jaar tijd een MAVO-diploma bij elkaar gesprokkeld en heb daar, om precies te zijn, vijf scholen over gedaan. Mijn ouders waren in die tijd al murw omdat vier oudere broers eenzelfde carrière achter de rug hadden. Eentje verliet de school kaler dan de meeste leraren en is samen met de rector gaan vutten.

Toen ik mijn vader voor de zoveelste keer vertelde dat ik was blijven zitten en wederom van school getrapt, antwoordde hij: 'Ik wist niet eens dat je nog op school zat.'

En ging verder met de krant.

Bij ons in 't Gooi waren wij niet de enige mislukkelingen; de halve hockeyclub faalde door te veel trainen, te veel bier, te veel feestjes, te veel toernooien, kortom: veel te veel hockey.

En als iemand zijn middelbare school wel gewoon in de afgesproken tijd had gehaald ging hij in het eerste jaar zuipend ten onder aan een maagzweer bij een of ander studentencorps.

Nu had je in mijn tijd Instituut Blankesteijn en die ouwe Blankesteijn was niet gek. Hij klopte toen de Gooise kakkers al vier ribben uit hun lijf en garandeerde aan papa en mama Van Fluitekruid tot Pannerden dat hun Willem Jan (Wéjé) met het beloofde papiertje thuis zou komen. Hij beloofde niet, hij garandeerde. Op die school ging het stevig toe en hij had dan ook al gauw de bijnaam 'Frankenstein'.

Die ouwe Blankesteijn maakte het echter wel waar. De jongetjes kregen een neutraal staatsexamen en zover ik weet slaagde meer dan tachtig procent. Later is die Blankesteijn ook gaan foezelen, heeft inferieure leraren met een Schwietert-curriculum aangenomen, met de belasting gerommeld en toen was hij snel failliet.

En zo gaat het nu ook met meneer De Boer en zijn tweedehands docenten.

En de ouders? Teleurgesteld?

Natuurlijk niet. Eindelijk heeft hun kind zijn of haar diploma. Alles is te koop.

En wat daarna?

Simpel: als het een meisje is gaat Valery lekker als au pair naar Parijs en als het een jongetje is, is Pébé (Pieter Bas) helemaal klaar voor het bedrijfsleven.

Het belangrijkste heeft-ie namelijk al geleerd.

Sjoemelen.

IKEA

Toen mijn toenmalige vriendin en ik tien jaar geleden uit elkaar gingen, hebben wij de spullen niet verdeeld. Op een dag kwam ik thuis van een tourneetje en was ze weg. Zoals afgesproken. En ze was koninklijk vertrokken, ofwel: ze had het huis zeer leefbaar achtergelaten. Toch moest ik een en ander bijkopen en een vriend van mij zei: 'Dan moet je naar IKEA, daar hebben ze echt alles.'

Dus ik naar IKEA. En inderdaad: daar hebben ze alles. Althans: in de catalogus. Ik had een nieuwe bank nodig, wat stoelen, wat servies (was gesneuveld), wat bedden, enzovoort. Zelden ben ik ongelukkiger geweest dan toen. Het ergste vond ik dat niets er was. Dus dan koos je een bepaalde tafel, ging naar beneden om hem uit een onmogelijke stelling te halen, liep een uur te vloeken door het doolhof dat magazijn heet en uiteindelijk hoorde je dat de 'Björn' of de 'Benny' pas volgende maand weer leverbaar was. Terug naar boven, daar koos je iets anders en beneden kwam je erachter dat ze hem wel in het wit, maar niet in het door jou gewenste zwart hadden.

'Waarom zet u in de showroom geen vlaggetjes bij alles wat uitverkocht is,' vroeg ik aan de korenblauwe IKEA-mevrouw van het magazijn.

'Dat zou een aardig woud worden,' sprak zij met Amsterdamse tongval en barstte los in een aanstekelijke lachbui.

Het meest droef werd ik toen ik mijn verdrietige vriendinnetje tegenkwam, die ook met een wagentje wat rommel liep te scoren. Zij had alles nodig wat ze bij mij had achtergelaten en ik zocht wat zij had meegenomen. Treurig beeld.

Ik besloot om nooit meer naar dat echtscheidingspaleis te gaan, maar ook voor mij geldt: zeg nooit nooit.

Inmiddels ben ik een huwelijk en een paar kinderen verder en vorige week hebben we aan onze vele bezittingen een vakantiehuisje toegevoegd. Dat moet ingericht en volgens mijn vrouw konden we het beste even naar IKEA. 'Het hoeft niet luxe en daar hebben ze nou eenmaal alles en dan zijn we er in één keer vanaf,' overtuigde ze mij en voor ik het wist liep ik in een file van uitgebluste echtparen, die het nieuwe bed uitsluitend nog testen op het slapen.

De kinderen zaten beneden in de 'ballenbak' en mevrouw Van 't Hek en ik worstelden ons door dekbedden, matrassen, stapelbedden, keukengerei, serviezen, messen, vorken, lepels, enzovoort. Het belangrijkste was het stapelbed.

'Boven in het stapelbed.' Het was me honderd keer verteld. Roos heeft ook een stapelbed en Sharon en Floor en Sterre en...

De tocht door de Zweedse meubelgigant zal ik u verder besparen, maar dat mijn vrouw en ik nog bij elkaar zijn mag een wonder heten. Maar het ergste moest nog komen: het in elkaar zetten van een IKEA-stapelbed.

Je maakt het kartonnen pak open, zet een wirwar van planken tegen de muur van de lege kinderkamer, legt de schroeven, pluggen en vreemde sleuteltjes bij elkaar in de vensterbank, vouwt de gebruiksaanwijzing uit en volgt de plaatjes. In het begin gaat het wel. Alles klopt, maar dan: het blijkt dat je het bed tot nu toe met de verkeerde schroeven in elkaar hebt gezet. Oké, uit elkaar. Opnieuw beginnen. Goed nadenken. Goed naar het plaatje kijken. Je aan hun volgorde houden. Maar die plank is er niet. Oh wacht even. Die plank moet dus daar en deze moet hier. Oké, uit elkaar. Nu zit alles goed. De lattenbodem. Op het plaatje schuiven ze die zo in elkaar. Wat doe ik dan verkeerd? Waarom past dat niet? Eerst die twee brede planken. Ik heb geen brede planken. Oh die heb ik daar gedaan. Uit elkaar. Ik heb haar beloofd dat ze morgen in het stapelbed mag slapen. Nog een keer. Dus die plank daar en die plank... Om twee uur 's middags was deze enthousiaste vader begonnen en 's avonds om twaalf uur (zonder pauze) zat het bed in elkaar. Ik heb nog wel wat schroeven en een plankje over. Er zit bloed op het behang, ik heb mijn vrouw geslagen, mijn jongste zoon het huis uit gescholden, het hele servies door het glas van de schuifpui naar buiten gesmeten en nu komt het ergste: er moet nóg een stapelbed in elkaar gezet worden. Gelukkig heeft het huisje ook een open haard.

HITTE

Ons huis heeft een voortuin. Nou voortuin? Een bestraat strookje van drie bij één meter met een hekje ervoor. Achter dat hekje staan onze fietsen.

Meer is er niet over te zeggen.

Afgelopen maandagochtend liep ik aan de overkant van de Prinsengracht en zag vier agenten bij mijn huis. Eentje had zich in de voortuin tussen de fietsen gewurmd en de drie anderen stonden bij het hek. Er was dus echt iets aan de hand. Vier agenten in deze tijd van personeelstekort wil toch wel wat zeggen. Ik dacht aan mijn onbetaalde parkeerboetes, snelheidsbonnen en belastingschulden, maar kon niets schokkends ontdekken. In elk geval geen bedrag dat het waard is om een volledig arrestatieteam op me af te sturen.

Misschien was er wel iets verschrikkelijks met een van de kinderen gebeurd. Als een kind overleden is komen ze dat altijd aan de deur vertellen. Wie was er wijlen? Mijn zoontje was met school naar het zwembad en was natuurlijk verzopen op het moment dat de juf aan haar bloedstollend lekkere weekend stond te denken. Of was het mijn dochter? Die was misschien wel levend begraven door een zootje sadopeuters die pas tot hun agressieve daad komen als het kwik boven de dertig graden komt. Of nog erger: wie weet waren én mijn vrouw én mijn kinderen op het Frederiksplein geschept door een autootje van een koeriersdienst en was ik nu een kinderloze weduwnaar met alleen nog een goudvis in een kom troebel water.

Ik voelde toch wat kippevel rond mijn hart en spoedde

mij over de brug om de agenten te vragen wat er aan de hand was.

'Uw fiets stond niet op slot,' was het verbijsterende antwoord.

'Pardon?'

'Uw fiets stond niet op slot, die hebben wij even op slot gezet en hier heeft u de sleuteltjes.'

'En als ik het niet gezien had, hoe had ik dan kunnen weten dat u de sleuteltjes had?'

'We hebben een briefje op de fiets achtergelaten.'

Ik nam, te verbaasd om wat dan ook terug te zeggen de sleuteltjes in ontvangst, liep naar de fiets en vond het briefje met de volgende tekst: *mevrouw/meneer*

uw fiets stond niet op slot.

Fiets op slot gezet.

Sleutels af te halen op bureau Prinsengracht 1109.

Simone de Wit

surveillant van Politie

Stamnr 15742

Op hetzelfde moment denderde een vrachtwagen met vierhonderd kilo heroïne door de Zeeburgertunnel, via de IJtunnel werden achthonderd pakjes van twee kilo onversneden coke de stad binnengebracht, via de Coentunnel reed net een trailer gestolen antiek en curiosa richting de Zwarte Markt van Beverwijk en op de Gooiseweg had een oplegger met gejatte BMW's en Golfjes haast om naar Polen te komen.

In barretje Hilton worden doorlopend de IRT-waardige zaken geregeld, de halve effectenwereld handelt zich rijk met voorkennis, onroerend-goedgajes koopt van corrupte ambtenaren vergunningen om de binnenstad te verkrachten met de verschrikkelijkste appartementencomplexen en mevrouw Van 't Hek vergeet wel eens haar fiets op slot te zetten. In haar eigen tuintje. Een oud barrel met twee kinderzitjes. En om dat laatste geval staan vier agenten.

Even later schreeuwde mijn vrouw door het huis: 'Wie heeft godverdomme mijn fiets op slot gezet?'

'De politie,' lachte ik minzaam.

'Blijf toch met je poten van mijn fiets af. Ik moest alleen maar even wat pakken.'

'Echt waar, vier agenten.'

'Het wordt tijd dat je weer gewoon gaat werken en blijf in elk geval een tijdje uit de zon.'

MANTELBAVIANEN

De honderdtwintig mantelbavianen van het Noorder Dierenpark in Emmen komen heel langzaam weer tot rust na een aantal dagen van mysterieuze paniek. Afgelopen zondag vloog de hele troep door onbekende oorzaak krijsend in de bomen en weigerde daar uit te komen. Volgens een apendeskundige is dit normaal. De beesten kunnen schrikken van een kikker, een papieren zakje of een rat en daarna dagen van slag zijn. Er is zelfs een theorie dat de paniek te maken heeft met de komeetinslag op Jupiter.

Dit is allemaal gelul. Ik zal u vertellen wat er met die beesten aan de hand was:

De bavianen kunnen met groot gemak vanuit hun bomen bij de kantoren van het dierenpark naar binnen kijken en daar staat een televisie.

Een sympathieke oude kleurenbuis. En zondag zagen zij het: de wereld maakte zich op voor de finale. Brazilië-Italië. Tweeëntwintig miljonairs gingen in Amerika twee keer drie kwartier tegen een bal trappen en de wereld zou toekijken. De wedstrijd was het gesprek van de dag. Op elk radiostation, iedere televisiezender, in alle kranten, alle cafés, op ieder strand, ach noem een plek waar men niet kakelde over de Moeder Aller Finales.

Maar de bavianen zagen ook beelden uit Rwanda. De stroom vluchtelingen was op gang gekomen, de waanzin was in beweging gezet, als lemmings liepen de honderdduizenden hun eigen dood tegemoet en ondertussen hoorden de bavianen de mensen, die naar de apenrots stonden te kijken, praten over de finale. Wie was er beter? Baggio of Romario?

Het kan niet, dachten de apen. Het is absoluut onmoge-lijk. Het kan niet dat mensen met droge ogen een heel volk zien sterven en ondertussen over voetballen blijven praten. Het gaat er niet om wie er schuldig is. De Hutu's of de Tutsi's. Er zitten kinderen tussen. Honderddui-zenden kinderen. Kinderen zijn altijd onschuldig.

Bloemkolen worden doorgedraaid, chipsfabrieken keuren de aardappeloogst af, fabrieken kotsen hectoliters zonne-brandolie factor 9 in flesjes, chartermaatschappijen ver-plaatsen miljoenen trainingspakken naar de zinderende zon en ondertussen sterft een heel volk op de meest gru-welijke wijze. Toen het dwergstaatje Koeweit werd over-vallen waren we er als de kippen bij om de liters olie te verdedigen en nu praat iedereen over het voetbal van de Goddelijke Kanaries. Het kan niet. Kinderen sterven ter-wijl de camera's op hen gericht staan, hulpverleners staan machteloos bij dit menselijk drama te schreeuwen, landen spugen een beetje gesis op de gloeiende plaat en babbelen verder over wel of geen paars. Berlusconi stelt zijn mafia-vriendjes op vrije voeten, Noord-Korea begraaft zijn oor-logsmisdadiger met veel bombarie, Nederland wint al tennissend bijna van de Verenigde Staten en Navratilova wil een baby via de Italiaanse vrouwenarts, die kindse vrouwen van tachtig nog kan voorzien van een speelka-meraadje op hun eigen niveau.

Een baviaan denkt aan haar vorig leven. Zij was een mens, een moeder, een moeder van een kind en op een goede dag werd het liefste dat zij had aangereden, aange-reden door een man die onderweg was naar het voetbal-len. Een finale. Haar kind lag dood te bloeden op de snel-weg en hoe ze ook schreeuwde, huilde, krijste, jankte... iedereen reed door. Het was al laat en men wilde de wed-strijd nou eenmaal niet missen. Toen het kind overleden was gooide de vrouw zich voor de eerste de beste auto. *De Telegraaf* sprak van een 'mooi menselijk drama'.

Ze reïncarneerde tot een baviaan en samen met haar kind zat ze afgelopen zondag boven in een boom in het Noorder Dierenpark en dacht: schreeuwen, schreeuwen en nog eens schreeuwen. Net als toen! En alle bavianen snapten haar en vluchtten solidair mee de bomen in. En op die manier hoopten zij de mensen voor de laatste keer wakker te schudden, maar de mensen begrepen het niet. Ze verstaan nou eenmaal niet de taal van de bavianen. Daarbij moeten die Hutu's niet zeuren. Ze zijn zelf begonnen. Wat zegt u? Kinderen? Eigen schuld. Hadden ze maar geen Hutu moeten worden.

KOLERE

De publieke omroepen weigerden de commerciële zender RTL te betrekken bij een grote actie voor Rwanda, die vandaag over een week wordt uitgezonden op de Nederlandse en Belgische zenders. Volgens Joop Daalmeijer komen de journalistieke normen van RTL niet overeen met die van de publieke omroepen en gaat het niet zozeer om een inzamelingsactie als wel om een 'journalistiek produkt'. Aan het woord is de directeur van Veronica, een club die de omroepster eigenlijk het liefste de programma's topless laat aankondigen, en hij gaat aan de rand van massagraven, waar de Hutu-lijken per bulldozer ingeschoven worden, praten over het feit of RTL wel of niet mee mag doen. Je gelooft je eigen krant niet als je zoveel hufterigheid leest. Het feit dat je een tiende van een seconde nadenkt over wie er wel of niet mee mag doen maakt je tot een turbo-nitwit. Daarbij is het nog een gotspe ook. Veronica leeft al jaren van *All you need is love, de Staatsloterijshow*, de seksuele frustraties van Jef Rademakers en andere Endemolramsj en deze pot gaat ketel RTL iets verwijten.

Ten eerste is het natuurlijk al een schande dat zo'n actie nodig is om al die randdebiele televisiekijkers hun portemonnee te laten trekken, maar dat schijnt niet anders te kunnen. Als ik in het land was geweest had ik graag meegedaan. Waarom? Omdat er een volk ligt te sterven en er zo snel mogelijk geld naar toe moet. En als dat met een liedje zingen bewerkstelligd moet worden, dan kwijl ik wel een riedeltje. De actie is trouwens volgende week. Dan zijn we een half miljoen doden verder. Zullen er ook mensen zijn die eerst het 'journalistieke produkt' afwachten en dan pas geven? Dus eerst kijken wat Gerard Joling zingt en daar dan ook de hoogte van het bedrag van af laten hangen?

Maar toch wil ik nog even terug naar Joop Daalmeijer en zijn kornuiten. Hilversum is al jaren de vuilnisbelt van politiek Den Haag. Wat doen we met Van der Reijden, Van Dam, Van der Louw, Braks? Geef ze een baan van een paar ton bij een omroep en ze zijn van de straat.

Zal Gerrit Braks, de voortvarende KRO-voorzitter, ook bij deze belangrijke vergadering zijn geweest? Deze uitgerangeerde CDA'er heeft laatst voor zes ton mogen lobbyen om iets hoogs bij de wereldvoedselorganisatie FAO te worden. Hij kwam thuis met de Willeke Alberti-bokaal, ofwel: 1 stem. En van die zes ton heeft zoete, lieve Gerritje zelf geen dubbeltje betaald.

Wie dan wel? U en ik. Wij betaalden de tournee van paapse Gerrit langs tachtig landen. Onderhand was hij niet bij de KRO, maar zijn salaris ging daar gewoon door. We hadden die zes ton beter aan Rwanda kunnen geven. Dan hebben we het namelijk over echte voedselhulp.

Maar zo'n Braks en Daalmeijer houden dus ethische discussies of RTL wel of niet mee mag doen. Op het moment dat je met miljoenen ligt weg te kwijnen van de cholera heb je er toch geen boodschap aan dat een stelletje in Hilversum vergadert over het wel of niet meedoen van RTL. Het is toch echt te gek voor woorden. Inmiddels is er een compromis bereikt. RTL mag niet meedoen, maar de actie wel uitzenden. En de commerciëlen doen dat braaf. Zij gaan de schunnige discussie in de schaduw van de miljoenen kreperende cholerapatiënten uit de weg en zenden de actie integraal op beide netten uit.

Volgende week zaterdag is het zo ver. Dus wacht nog

even met gireren. Misschien mag je je naam op de televisie zeggen met het bedrag dat je geeft erbij.

Persoonlijk hoop ik dat Danny de Munk de avond opent
met zijn oude hitje uit de film Ciske de Rat. Dat begint
met de heerlijke regels:

Krijg toch allemaal de kolere, val toch allemaal hartstikke dood.

COLOFON

Amah Hoela, geschreven door Youp van 't Hek, werd in de herfst van 1994, in opdracht van Thomas Rap te Amsterdam, gezet bij Hooiberg te Epe en gedrukt bij Rotatie Boekendruk te Krommenie. De afwerking geschiedde door Kloosterman te Amsterdam.
Omslag en typografie: Rudo Hartman, Den Haag.

ISBN 90 6005 419 9

De columns verschenen in de periode juli 1993 tot juli 1994 wekelijks in NRC Handelsblad.

1e druk oktober 1994
2e druk december 1994
3e druk januari 1995